国際文化交流を実践する

国際交流基金 編

白水社

国際文化交流を実践する

装幀＝コバヤシタケシ
組版＝鈴木さゆみ

国際文化交流を実践する　目次

序章　国際交流の現場から

本書は、国際文化交流を専門的に担う国際交流基金（The Japan Foundation：JF）の若手・中堅職員有志の発意で始まった企画であり、それぞれが世界各国で行ってきた国際文化交流の実践とそれらを通じた職員たちの喜び、葛藤、発見といった生の声を届けるルポルタージュである。

ＪＦは、日本と世界の国々との国際文化交流事業を専門に行う日本で唯一の公的機関である。外務省所管の特殊法人として設立され、その後、独立行政法人に移行した。日本の友人をふやし、世界との絆をはぐくむことをミッションとして国際文化交流を事業として展開し、日本と世界をつなぐ場を作る活動に従事している。ＪＦの活動の目的は、日本と世界の人々の間に共感や信頼、好意をはぐくんでいくことであり、それを外交政策の一環として行っている。

今回、なぜ本書を世に出すことになったのか。きっかけは近年、国際社会で起きている急激な変化である。いま世界は大きな転換期を迎えつつある。それは、自国優先主義と移民排斥の動き、宗教過激派によるテロ活動と宗教間対立の激化、ポピュリズムの出現と民主主義の危機、中国の台頭と米中対立などに如実に表れている。

世界の変化はこれだけにとどまらない。地球規模で環境問題が深刻さを増し、百年に一度と言われる大規模災害が頻発している。また二〇二〇年には新型コロナウイルス（COVID-19）の世界的感染拡大が起こり、人類社会は大きな変革を余儀なくされている。これまで国際社会が構築してきた国際協調を前提とする世界秩序が根底から揺り動かされているのではないだろうか。

こうした状況に対して、軍事力に拠らず世界との交易を通じて繁栄を創り上げてきた日本は、国際協調の意義を改めて問い直し、地球規模の課題に各国が共同で取り組むためのプラットフォームの再構築にコミットする必要があるのではないかと考える。そして、それを実現させるための方策として、国際文化交流の効果に目を向け、それをより積極的に活用していくことが一つの選択肢として挙げられる。政治力、経済力、軍事力といったいわゆるハード・パワーだけでは打開策が見出せない現代の国際情勢においてこそ、異文化を理解し、異なる見方や考え方を持つ人々をつなぐ国際文化交流の実践が突破口を開く一つの力となるかもしれないからだ。迂遠なようにみえても、長年かけて培った人的ネットワークは、国と国との関係づくりに大きな影響力を与えうる。また、たとえ短期的に政府レベルで緊張関係が生じていたとしても、国際文化交流は、中長期的な視野から戦略的に息の長い事業展開を行うことが可能である。

ＪＦは文化芸術交流、日本語教育、日本研究・知的交流という三つの分野で様々な事業を世界各地で展開している。文化芸術交流分野では、伝統芸能から現代アートまで多様な日本の文化芸術を世界の人々に紹介するとともに、専門家同士の交流、共同製作などを実施している。日本語教育分野では、日本語専門家の海外派遣、日本語教師研修のほか、日本語能力評価の試験の実施、学習教材の開発・普及などの活動を行っている。日本研究・知的交流分野では、日本研究を担う中核的な機関や研究者の支援を行うとともに、日本と各国の共通の関心テーマや国際的重要課題についての対話を促進するためシンポジウムの開催や人的交流を支援している。

さらに、日米センター、日中交流センター、アジアセンターという国・地域に焦点を当てた三つの部署を有し、それぞれの課題に応じ、各分野のプログラムを組み合わせた独自の事業を実施している。アジアセンターは、二〇一三年に安倍晋三首相が打ち出した新しいアジア文化交流政策「文化のWA（和・環・輪）プロジェクト～知り合うアジア～」に基づき、二〇一四年に立ち上げられた部署であり、日本語パートナーズ派遣事業と芸術・文化の双方向交流事業を二本柱としてASEAN諸国を中心としたアジアを対象に事業を行っている。また、JFは、日仏首脳間の合意に基づいて実施が決まったフランスにおける「ジャポニスム二〇一八」や米国における「Japan二〇一九」など、大型の日本文化紹介事業にも積極的に取り組んでいる。

二〇二〇年四月時点の役職員数は二百七十六名。国内には東京本部と京都支部のほか、日本語国際センター（埼玉県さいたま市）と関西国際センター（大阪府泉南郡田尻町）の二つの附属機関を有する。また、海外二十四カ国二十五カ所に海外拠点を展開している。海外拠点については、アジア・大洋州に十二カ所（アジアセンター連絡事務所を含む）、欧州に七カ所、中東・アフリカに一カ所、米州に五カ所が存在する。JF職員はそのキャリアの過程で一回につき三～五年程度の任期で海外に駐在するが、在外公館勤務の外交官、企業の駐在員、新聞社の特派員などと異なり、文化に主眼を置いてその国を観察できるというユニークな立場にある。

ＪＦは、日本の文化外交を担う独立行政法人という立場から、国際文化交流の役割を明確化し、それを積極的に対外発信していくことが求められている。そのためには、ＪＦ職員自らが自分たちのミッションを振り返り、問いを投げかけ、その答えを見出していく必要がある。ＪＦは、世界各地での文化交流事業を通じて、文化や国を越えたネットワークの構築に貢献しているが、それらは必ずしも一般に広く知られているとはいえない。こうした中、ＪＦ職員自身で、自分たちの仕事の意義を社会に問いかけていきたいというのが本書の出発点でもある。各国で行われている国際文化交流事業を取り上げながら、その背景にある、海外の文化交流の最前線で活動するＪＦ職員の問題意識などの生の声を伝えていきたい。

また本書においては、国際文化交流の現場から得られる各国の社会、文化事情についても紹介したい。ＪＦ職員として海外で活動していると、政治、経済面の情報からだけでは見えてこない、その国の社会、文化事情について考えさせられることとなる。日本文化が相手国においてどのように受け入れられているかを知ることから、相手国を通じて見える日本の姿についても向き合うこととなる。本書では、国際文化交流実践者として見えてくる、従来のステレオタイプとは異なる海外の社会、文化事情についても紹介していく。

こうした国際文化交流から得られる知見は、コロナ禍で人と人との接触が限られる現在においてこそ、その価値が見直されていくものだろう。人と人との接触を阻害する新型コロナウイルスは、逆説的に人間が本質的に他者との出会いを求める存在であることを浮き彫りにした。

インターネットが普及した現在においても、やはり重要なのは人と人とのリアルな接触であり、その国に暮らすというリアルな経験である。コロナ禍によりオンラインを活用した事業はますます進んでいくと考えるが、ネット上で出会うだけでは十分ではない。ネットで得られる知識や情報だけでは十分ではない。そうした生身の交流事例を本書で紹介していきたい。

なお、本書はＪＦが編集を行ったものであるが、各章の文章には各執筆者個人の見解が含まれていることを申し添える。

国際交流基金

第一章

〈分断〉を飛び越える

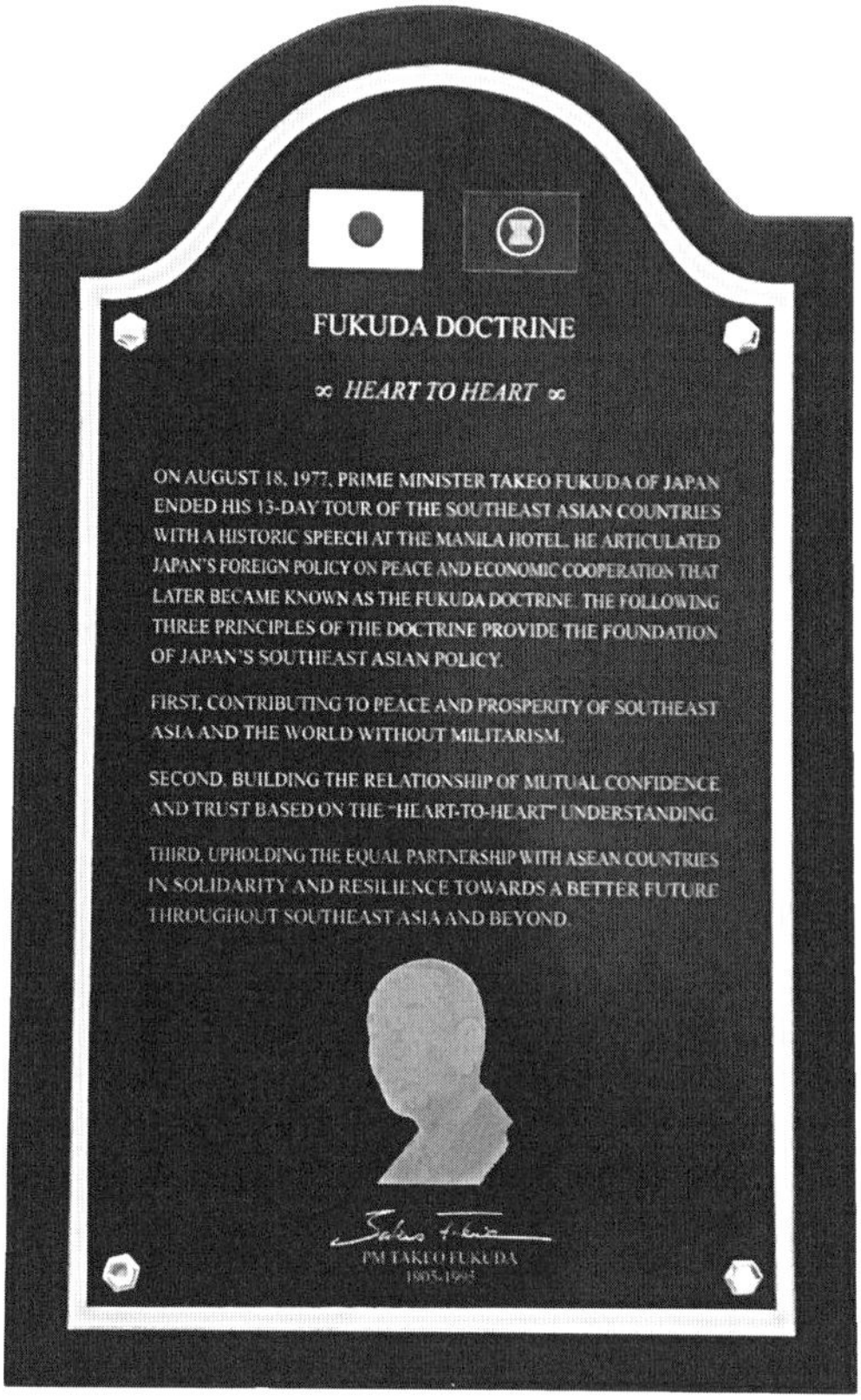

福田ドクトリンが刻まれた銅製プレート（鈴木勉撮影）

心と心をつなぐ試み——アジアセンターのDNA

鈴木勉

一　福田ドクトリンとアジアセンター

フィリピンのマニラ市にあるマニラホテルは、太平洋戦争末期、十万人と言われる多大な犠牲者を出したマニラ市街戦でも奇跡的に焼失を免れ、歴史の証人としていまも世界中から多くの宿泊客が訪れる。そんなホテルの廊下の片隅に、フィリピンでは「ヒストリカル・マーカー」と呼ばれる銅製のプレートが飾られていて、こう記されている。

福田ドクトリン　「ハート・トゥー・ハート」

一九七七年八月十八日、日本の福田赳夫首相は十三日間にわたる東南アジア歴訪をここで終えるに当たり、ここマニラホテルで歴史的スピーチを行った。平和と経済協力を明言した日本の外交政策は、のちに「福田ドクトリン」として知られることとなる。そこに掲げられた三原則は、日本の東南アジア政策の礎を築くものとなった。

第一に、軍事力を廃して東南アジアおよび世界の平和と繁栄に貢献すること

第二に、「心と心」の理解に基づく相互信任と信頼の関係を築くこと

第三に、東南アジア諸国等のより良き未来のために、連帯と強靭性に基づくＡＳＥＡＮ加盟諸国間の対等な協力者として支持すること

そこに刻まれている通り、「福田ドクトリン」はその後の日本の対東南アジア外交戦略の指針となったが、本稿で述べるアジアセンターの設立理念にもそのＤＮＡが受け継がれている。そこで示された「心と心」のふれあいや相互信頼の精神、対等な協力者といった理念は、東南アジアという地政学的枠組みを超えて、まさに国際文化交流の目指すべき一つの理想の姿を示している。

実際、本稿執筆時点で筆者の従事するアジアセンターは、いわば〝第二次アジアセンター〟と呼んでもよいのだが、その設立からさかのぼること約二十年前には、〝第一次アジアセンター〟が存在し、またそれ以前にはアセアン文化センターが活動していた。いずれもＡＳＥＡＮを含むアジアを中心とした国々との交流を目指すＪＦ内の一部署だが、ＪＦ設立以来、米国とならんで重要地域とされた東南アジア諸国との相互交流事業が、ときに発展し、ときに解消され、そしてまた再興されてきた経緯がある。

その過程においても、双方向や対等といった理念は、「アジアセンター」が組織として存在しなくても、「アジアセンター的なるもの」として私たち文化交流に携わる職員の心の中に、濃淡はあるものの時代を超えて引き継がれてきたものである。筆者自身、第一次と第二次にわたってアジアセンターに在籍する機会に恵まれたほか、東南アジア三カ国（タイ、インドネシア、フィリピン）で海外駐在を経験し、今度は東南アジア

の現地において「アジアセンター的なるもの」に基づいて文化交流事業を実践し、その事業を通して東南アジアの多くの文化人、知識人、アーティスト、研究者、ＮＧＯ等の実践家、学生らと様々な思いを共有する機会を得てきた。本稿ではそうした経験をふまえて、「アジアセンター的なるもの」とは何であるのか改めて考えてみることにしたい。

二　アジアセンターの現在

アジアセンターの文化事業については後で詳しく述べるが、まずは「福田ドクトリン」と直接関連する事業から紹介しておこう。ＪＦには世界各国の各界第一線で活躍する文化人、知識人を短期間招へいして日本各地を訪問してもらい、日本の文化人や専門家らとの対話を通して日本理解を深めてもらう「アジア・文化人招へい」プログラムがある。二〇一八年には、シンガポール国立大学東アジア研究所上級研究員のラム・ペンエーを招へいした。彼はシンガポール外務・国防委員会の諮問委員を務め、対日政策ペーパーを作成するなど影響力のある学者であるが、今回の訪日テーマは「福田ドクトリン」の現代への継承であった。同ドクトリンの成立過程については、当時外務省のアジア局参事官としてマニラ・スピーチの起草に関わっていた枝村純郎の著書に詳細が述べられているが、同書にもペンエーらが中心となって二〇〇七年にシンガポールで実施した「福田ドクトリン・三十周年記念シンポジウム」が紹介されている（『外交交渉回想』吉川弘文館、二〇一六年）。ペンエーは東南アジアにおける同ドクトリンの意義を積極的に評価する論客の一人であると言える。十日間にわたる日本滞在のクライマックスは陸前高田市にシンガポール赤十字社から寄贈された多目的ホール、通称「シンガポール・ホール」の調査とそこに集う住民との交流であった。同ホールは災害公営住宅に隣接し、カラオケ大会や踊りの稽古など、破壊されたコミュニティの再生に大きな役割を果たしていた。「福田ドクトリン」で息吹を与えられた日本と東南アジアの文化を巡る交流は、震災で多大な犠牲を出した東北に対するシンガポールの思いとして受け継がれている。日本からシンガポールへの貢献ではなく、シンガポールから日本への貢献。それはまさに対等なパートナーシップの成熟を象徴しており、「心と心」のふれあいという理念が結実している事例としてペンエーも改めて評価していた。

現在のアジアセンターは、二〇一三年十二月に東京で開催された日・ASEAN特別首脳会議で発表された日本の新しい文化交流政策「文化のWA（和・環・輪）プロジェクト〜知り合うアジア〜」に基づき新設された。東京オリンピック・パラリンピックが開催される二〇二〇年までに交流や協働の機会を集中的に生み出すことを通して、アジアに住む人々の間に共感や共生の意識を醸成することが目的である。設立は二〇一四年四月一日で総事業予算は七年間で約三百億円。事業領域は大きく二つに分かれていて、一つはアジア諸国における日本語学習支援（日本語パートナーズ事業）、もう一つは芸術・文化の双方向交流である。分野は舞台芸術、美術、映像、メディア、学術、文化遺産、スポーツ、市民・青少年交流と多岐にわたっており、交流の裾野拡大、文化を支える人材の育成やネットワーク・基盤の強化、社会課題解決に向けた取り組み、共同製作・共同研究とその成果の世界への発信に取り組んでいる。筆者もそうした幅広い分野の事業を担当しており、事業の形態も主催、共催、短期（個人・グループ）招へい、フェローシップ、そして助成と、まさにJF事業のデパートのような部署である。本稿では紙幅が限られるので特に印象に残った事業を紹介したい。

ＪＦは外務省所管の独立行政法人として日本の文化外交の一翼を担っているが、文化外交にとって昨今重要とされている「パブリック・ディプロマシー」の実践の中では、相手国における世論形成に影響力のある文化人や知識人との信頼醸成が最も重要な課題であろう。「アジア・リーダーシップ・フェロー・プログラム（以下、ＡＬＦＰ）」はまさにそうした課題に応えるための事業である。一九九六年から国際文化会館と共同実施しており、アジア諸国・地域の様々な分野で社会的影響力のある知識人、いわゆる「パブリック・インテレクチュアル」をフェローとして日本へ招へいするプログラムである。文化の多様性、伝統と現代、グローバリゼーションの功罪、人種や宗教の差異と分断、社会格差、民主主義や言論の自由など、アジアが直面する様々な社会課題について創造的な解決方法を模索するために、数カ月にわたる合宿で「膝詰め」で議論する場を設けており、開始以来これまでに十七カ国から百三十九名のフェローが参加した。

二〇一九年はこれまでのフェローを招いてシリーズでセミナーを実施したり、Ｅマガジンを発行したが、その中で最も印象的だったのはフィリピン人権委員会議長のホセ・ガスコン（二〇〇八年度フェロー）のメッセージであった。「世界はいま自由と民主主義が失われつつある。二つの幽霊による脅迫が迫り私たちを圧倒しようとしている。暴力的な原理主義とリベラルなポピュリストによる民衆煽動である。人間の基本的な自由への攻撃は民主主義の暗殺に等しい。社会の最底辺の人々や弱者に害を与える行為は、人間性そのものの核の暗殺である」。アジアには彼のように高潔な意思を持って積極的に社会に対して発言している知識人が多く存在しており、私たちが学ぶべきことは無尽蔵にあると思う。

次に「パブリック・ディプロマシー」におけるもう一つの重要な対象である一般大衆（いわゆる「パブリック」）だが、そうした大衆への訴求力を追求した事業の一つにサッカーの「ＡＳＩＡＮ ＥＬＥＶＥＮ」がある。これは「アジアで最も多様なチームを目指す」とのキャッチフレーズのもと、日本とＡＳＥＡＮ各国さらに東ティモールによるサッカーの選抜チーム「ＡＳＩＡＮ ＥＬＥＶＥＮ」を結成して国際親善試合を行うプロジェクトだ。二〇一九年はそのデビュー戦として十八歳以下男子の選手を対象とし、東日本大震災からの復興支援のメッセージも込め、東北選抜との試合をＪヴィレッジ福島で行った。また第二戦、初の海外での試合は十六歳以下男子の選手を対象とし、タイ選抜との試合をバンコクで実施した。いずれの試合もＰＫ戦の末に「ＡＳＩＡＮ ＥＬＥＶＥＮ」が奇跡的に勝利したが、十日間ほどの合宿生活で、当初は言葉も通じない十一カ国の若者たちがサッカーを通してチーム一丸となってゆく姿が非常に清々しかった。いずれも各国サッカーの将来を背負ってゆく若きエリート選手で、今回は同じチームで友情を育むこととなったが、近い将来、それぞれの国の代表選手として国際大会で相まみえることになるだろう。現在東南アジアではサッカーが非常に盛り上がっているが、タイ（西野朗）やカンボジア（本田圭佑）の男子代表監督で日本人が活躍しているように、選手育成・チームづくりに関して日本への期待が大きい分野でもある。また二〇三四年のワールドカップにＡＳＥＡＮが立候補しており、今後ますます各国国民の関心が高まってゆく中で、多くの人々にアピールする事業ではないかと考えている。

次に視点を変えて、現在の私たちを取り巻く様々な社会課題に対して、アジアセンターがどのようにアプローチしているのか、その点に着目して具体的な事業例を三つ紹介したい。二〇一九年は後の世から振り返った際、日本における「移民元年」の年として記憶されることになるかもしれない。出入国管理法が改正されて四月に施行されたが、日本は外国人への門戸をこれまでとは異なる次元で開放することになった。その結果、私たち日本で暮らす人々は、外国とつながる人たちとこれまで以上に接する機会が増え、「共存」

する時間・空間が増大することになる。その時、そうした日常の時間・空間をより豊かなものにできるか否かは、むろん私たち次第である。

「ダイバーシティをはぐくむEYESプロジェクト」は、既に到来している「多文化共生」社会のあり方を考える研修プログラムである。アジア各国でダイバーシティや社会包摂を推進する実務者がネットワークをつくり学び合いを深めながら、二〇一九年は主にフィリピンと日本を事例として、人の国際移動の実態と多文化共生の可能性や課題について学び、世界で広がる分断や排除をどう乗り越え、アート活動を通してどのように多文化共生を推進してゆけるのか思考を深めることができた。

筆者自身このプログラムの企画を立案し研修にも一部参加したが、何といっても印象深かったのは「外国人材」送り出し国であるフィリピンの現状についてであった。二〇一八年時点で全世界にフィリピン人出稼ぎ労働者は約二千三百万人もおり、本国への海外送金は年間三兆円。フィリピン国内総生産の一割を占め、送金に誘発される国内需要がフィリピン経済を支えており、出稼ぎ労働者は国の「ニューヒーロー」と称される。しかしそうした光の面とは裏腹に、出稼ぎ労働者一人ひとりの人生を見てみる時、そこには当然家族との別れ、一世帯に複数の出稼ぎ労働者が存在する場合は一家離散、さらには長期にわたる海外生活やその地で永住する者も多く、そこに離散《ディアスポラ》という問題が生まれる。私たちが訪れた「イタリア村」では海外送金によって建てられた大きな屋敷に、老人と孫がひっそりと暮らすというなんとも殺伐とした現実を目の当たりにすることとなった。日本の多文化社会は、そうした送り出し国の現実の上に成り立っているのだという想像力を失ってはいけないと実感した。今後はこのテーマでの対話をさらに進めて、多角的な視点から多文化共生の実情について理解を深め、アジアのダイバーシティを推進するプラットフォームづくりに寄与していくことができればと考えている。

現代日本社会にとって、多文化共生とともに重要な課題の一つに地方の活性化というものがある。それに関連する事業として三陸国際芸術祭について紹介する。自然の造形美であるリアス式海岸を誇る三陸沿岸地域は、世界でも類を見ない芸能の宝庫である。幾世代もの伝承を経て地域に根付き、今も脈々と受け継がれている。この芸術祭は、その魅力を世界に伝え、同時に世界のあらゆる地域に点在する多くの芸能との交流を生み出すことを目指し二〇一四年にスタートした。無論そこには、東日本大震災による甚大な被害からの復興を祈念し、コミュニティ再生のために芸能がいかに重要な役割を果たしているかを確認するという意味もある。アジアセンターはそうした試みに共鳴し二〇・五年から継続的に協力しており、これまでにインドネシアのアチェ、バリ、ジャワ、またマレーシアやフィリピンなどから伝統芸能団を招へいし、地元の芸能団や市民との交流を深めてきた。大規模自然災害からの復興という観点からも共通点は多い。災害の多いアジアの人々はそのたびに、逆境を生き抜き、地域を立て直してきた。そのエネルギーの源は、コミュニティであり、その中心には芸能と祭りが存在する。

筆者はこの事業を通して何度も三陸を訪れ、そのたびに芸能のスケールの大きさ、人と自然を包み込む深淵な世界観、そしてコンテンポラリーダンスかと見まがうほどの身体表現の魅力に憑りつかれた。最も印象に残っているのは、このプログラムに参加した三陸の若者のことである。この事業では、アジアから芸能団を招へいするとともに、逆に三陸の若者もアジアに派遣している。二〇一八年は岩手の高校の部活で鹿踊りや鬼剣舞を踊っている生徒のグループをバリに派遣し現地の舞踊団と交流した。帰国後、南三陸町で鹿子躍を継承してゆこうとしている青年が、「言葉が通じなくても、郷土芸能を通じて自然に笑顔になって、コミュニケーションがとれ、踊りに祈りが込められているという共通点もあり、考え方は同じなんだと思いました。今後は、郷土芸能を通して地域のことを伝えたり、太鼓体験や装束体験なども開催したいです。南三陸町から、幅広く魅力を発信していきます」と語ってくれた。バリの芸能団という他者と出会うことで自分たちのアイデンティティを確認する契機となり、さらにはその若い年齢での気付きが、もしかしたら三陸の芸能の未来を切り開いていく可能性を広げてくれるかもしれない。

最後にもう一つ、アジアセンターのミッションの中でアジア諸国の文化基盤整備に対する支援、いわゆる「文化協力」という分野がある。筆者自身、後述するように第一次アジアセンター時代にこの分野の担当だったこともあり、個人的にはライフワークのようなものと思っている。文化協力分野で非常に印象深い事業の一つを紹介する。

ASEAN諸国の中でもミャンマーは長年にわたる軍事政権時代の鎖国政策が影響して、他の加盟国と比較して文化インフラが未整備のままである。第一次アジアセンター時代にも筆者は何度かミャンマーを訪れたが、大学は閉鎖され表現の自由も制限されて現代アートの展示などもゲリラ的に行われていた。今では民主化が進み外国からの投資や文化交流も活発になったが、やはりインフラの立ち遅れは深刻である。

そんな状況の中、チェリストで指揮者の山本祐ノ介が現地のオーケストラ支援に乗り出した。ミャンマーには高度に洗練された伝統音楽が存在し、英国植民地時代の影響を受けたロック音楽も多くの若者から支持されているが、クラシック音楽については楽団は存在するが基礎的な力が非常に弱かった。二〇一五年から山本は、楽器を始めてわずか二、三年といったメンバーも含む「ミャンマー国立交響楽団」を支援し始めたが、その翌年に相談された筆者は、直感的に「アジアセンター的なるもの」を感じてすぐに協力を開始した。

その後山本は何度もミャンマーを訪れ指導を繰り返し、仲間の音楽家を誘っては楽器のパート練習も継続し、とうとう念願のコンサートを開催するまでに育てた。そして二〇一九年からは、ヤンゴンの国立劇場の観客を熱狂させ、首都ネピドーでは国家顧問のアウン・サン・スー・チーをはじめ、列席の閣僚級ゲストの前でもなんとかコンサートをやり遂げるまでになった。筆者も二〇二〇年二月に初めてヤンゴンでコンサートを観た。極めて演奏経験が少ないため、いわゆる上手な演奏ではないが、ミャンマーで唯一の「国立交響楽団」として、これほど可能性を感じさせる楽団もないと思われた。そして集まった観衆にしても、初めてクラシック音楽のコンサートを体験する人々が多いのであろうが、まさに新しい「聴衆」が誕生してゆく現場なのだと実感した。

三　二つのアジアセンター

ここで、第一次アジアセンターの設立経緯と概要についてごく簡単に触れた上で、〝第一次〟と〝第二次〟の時代を超えて貫かれている連続性と共通性、そして逆に二十年という時の流れの中でアジアセンターを取り巻く社会や国際情勢が変化したことによる影響ないし非連続について触れておきたい。

一九九〇年に設立されたアセアン文化センターが発展的に改組されて一九九五年にアジアセンターが設立された。村山内閣が提唱した「平和友好交流計画」は、太平洋戦争が終結して五十年が経過し、日本がアジアにおける戦争被害について真摯に反省した上で、未来に向かって相互理解を深めてゆくための大規模な交流を図るというミッションを打ち出し、平成七年度から十年間で予算一千億円の新規事業が実施された。その中には、アジア歴史資料センター事業や、日韓文化交流基金、日中友好会館などを通した青少年交流があり、あわせて開設されたのが第一次アジアセンターである。センターの事業には（一）アジア諸国間のマルチラテラルな知的交流、（二）アジア各国のアイデンティティ確立に資する文化基盤の整備、（三）アジア各国文化の日本における理解促進――という三つの柱があり、筆者はそのうちの第二の分野を担当した。

いまでも強く印象に残っているのは、アンコールワット修復に関する国際シンポジウム、ブータン王国のパロやラオスのルアンパバンにある国立博物館運営に対する協力、ベトナムはフエの雅楽（ニャーニャック）の復興、カンボジアの失われた絹織物の復興、東南アジアの染織専門家を招へいして沖縄・石垣島で実施した交流・研修などである。

第一次アジアセンターが活動した時代は、一九九五年に起きた阪神淡路大震災を契機に日本の市民社会、NPOセクターの活動が大きく盛り上がった時代であり、それは他のアジア地域の動きにも連動していた。アジア地域における中産階級の勃興にあわせ、公的な場で活発に発言し影響力を高めてゆく知識人や実践家たちもどんどん出現し始めていた。

そんな動きに平仄をあわせるように、アジアセンターでは社会に影響力を与える知識人の相互信頼醸成事業であるALFPや、市民社会の公的活動を担ってゆく団体とその担い手のネットワーク事業である「アジア公益財団・組織会議」を立ち上げた。その取り組みで特徴的だったことは、それまで二国間関係が中心であった文化交流事業に、新たに多国間主義（マルチラテラル）に基づく理念を取り入れたことである。その結果、それぞれの自国の文化や社会をより多様な価値観の中で複眼的にとらえ直すことが可能となり、より普遍的な価値創造や新たな視点の獲得に貢献したものと考えられる。そしてその多国間主義は、第一次アジアセンターが閉じられた後も国際交流における重要な理念、アプローチ方法としていまも引き継がれている。

他方、第一次と第二次アジアセンターの間には約十五年という年月が挟み込まれており、それはまるで日本経済がバブル崩壊後に経験した「失われた十年」とも「二十年」とも言われる停滞期を想起させる。第一次アジアセンターの再編にあわせるかのように、アジア域内のダイナミックな市民社会の交流は退潮傾向となり、もしくは日本がアジアのダイナミズムから取り残されるといった状況に陥ったと言われている。その間に世界各地で民族紛争が溢れ出し、一方でテロが頻発する時代となった。それに対して国際社会は根本的な解決策を提示することができず、さらなる混迷を深めた。

こうした状況の中で第二次アジアセンターが再びアジア地域の文化・芸術のネットワーク化に重要な役割を果たすことになるのだが、そこには第一次の時代とは異なる状況が生まれていた。それはより多様化の進んだ社会と、地球環境問題の深刻化に伴う持続可能性に直面した諸々の課題、そしてその課題に立ち向かう市民社会側のプレーヤーの多様化であった。かつてはNPOや財団が主役であったが、現代はそれに加えて社会的起業の活動が活発になり、既存の企業にしてもESG（環境、社会、ガバナンス）への取り組みが企業価値を左右する時代となった。社会課題の解決を目指し、公的機関が担ってきた従来のシステムや方法の枠外で市民社会の担い手たちが変革のための新たな試みを行う実践のことを「ソーシャル・イノベーション」と言うが、アジアセンターも「ソーシャル・イノベーション・リンク（SOIL）」という事業を立ち上げ、現代アジアにおける市民社会の新たなネットワーク化に取り組み始めている。

四　「アジアセンター的なるもの」を抱いて

〝第一次〟および〝第二次〟アジアセンターにおける連続と非連続の一端について触れたが、実はその二つのアジアセンターを隔てる二十年の間に、ＪＦは組織としての大きな変革期を迎えた。特殊法人から独立行政法人への移行である。ここで明らかになったことは、ＪＦの遂行する国際文化交流事業が、日本の外交政策に直結することが多くなったということである。国際文化交流に従事するプレーヤーが確実に増えた現在、公的機関であるＪＦは、文化外交として国際文化交流を実施するという役割を前面に打ち出すようになってきている。

戦後日本の外交は、アジア諸国に多大な被害を与えた反省から平和国家への道をひたすらに進むという大原則に貫かれてきた。そのためには武力に頼らないことを世界に誓った。政治学者である五百旗頭真は『戦後日本外交史』（有斐閣、二〇一四年）において、「戦後日本が国際協調の中で平和的発展主義を追求したのは、大いなる成功であったが、その路線を選んだからといって、言葉と構想をもって積極的な世界への働きかけができないわけではない。軍事力がないからといって、魅力ある外交ができないというものでもない。要は、自らのスタイルに自信を持ち、それに表現を与える能力の問題である」と述べている。文化交流を支える理念を、「言葉と構想」を、世界に向かって提示してゆくことはますます重要になってきているだろう。

これまで述べてきたように、「アジアセンター的なるもの」は、私たちＪＦで文化交流に携わる者に多くの示唆を与えてくれる。四十五年前に出版された『アジアからの直言』という本の中で、鶴見良行は、「文化交流の仕事は補助線を引くことだ」と書いている。政府間の交流や資本の交流関係を「実線外交」と呼び、民衆と民衆の交流を「補助線」と見立てている。その本の書かれた一九七〇年代の前半は、七二年にタイで起こった日貨排斥運動や七四年のインドネシアの反日暴動などに象徴されるように、東南アジアの国々で日本批判が吹き荒れた時代だ。

ＪＦの設立は七二年だが、その設立に際してはアジア諸国での日本批判が大きく影響したと言われている。同じ本の中で、タイを代表する思想家で今も活躍しているスラク・シバラクサはＪＦの設立についても言及していて、「真によい文化関係を築きあげる上での意義のある成果をあげられるかどうかについて疑念を持たざるをえない」と批判した。そして日本人の心の中にある「東南アジアの人たちを劣ったものとみる考え方を根本的に変える必要がある」と主張した。「アジアセンター的なるもの」とは、私たちの心の中にある固定観念や、アジアの人々の心の中にある疑念を拭い去り、ポシティブなものに上書きしてゆく鍵となる理念なのだと思う。

最後に、アジアで長年勤務をした筆者が今も大切にしている言葉を紹介して本稿を閉じたい。二〇一〇年にマニラ事務所での勤務を終えるに当たって、一人の日本語教師から寄せられた言葉だ。

「あなたは私たちの日本語教育を支援してくれただけでなく、フィリピンのアーティストたちを支援してくれた。そして、日本文化の偉大さを私たちと共有してくれただけでなく、私たち自身の文化の素晴らしさと偉大さを、それは私たちの多くが見失っていたものだが、共有してくれた。本当にありがとう」。

この言葉を思い出すたびに、「アジアセンター的なるもの」を抱いて文化交流に携われることの幸運をかみしめている。

ジャポニスム二〇一八——未曾有の日本文化事業

嶋根智章

晴天の霹靂

二〇一五年秋、東京の本部から勤め先のパリ日本文化会館にいつもと様子の違う指示が届いた。

「パリの主だった美術館や劇場について、規模、主な企画内容、準備期間などを報告せよ」

すぐに背景説明が追加で届いた。日本国政府として、世界に向けての大々的な日本文化発信、すなわち日本の文化芸術と日本人の美意識・価値観を伝える大規模な企画が検討されている。そのための首相の諮問委員会も発足した。実施候補都市の筆頭にパリが挙がっている。パリが終わると西回りにアメリカやアジアを巡り、二〇二〇年東京オリンピック・パラリンピックの年に日本に帰ってくるという壮大な計画である。パリで実施するのは二〇一八年。ついては美術館や劇場でこれを実施するための情報を至急報告ありたい——。

晴天の霹靂であった。フランスにおいては、一九九七年に「フランスにおける日本年」があり、大規模な文化交流事業が展開され、ＪＦの海外拠点であるパリ日本文化会館が開館した。それ以来、確かに数年に一度は歌舞伎公演や浮世絵展などの大規模事業が行われてきており、日仏の文化交流はパリ日本文化会館を中心にして比較的安定して行われてきた。増えも減りもしない、といってもいい。むしろパリに勤務する者が羨ましく見ていたのは、文化交流に関する限り、対アジア向け事業への人員や予算の圧倒的な拡大であった。それが一気にパリに目が向けられたのだ。まだ具体的には分からないが、相当な規模の日本文化のイベントが行われようとしている。パリはその渦中となる。

その二年半後の二〇一八年七月から二〇一九年二月まで、パリを中心としたフランスにおいて「ジャポニスム二〇一八——響きあう魂」が、来場者数三百五十万人以上の未曾有の規模の海外における日本文化事業として、開催されることとなる。

文化大国ニッポン

かつて日本は経済大国であったと言われた。今、日本は文化のユニークさで、世界でも際立つ国となっている。

一九八〇年代、バブルを目前に控えた日本は経済大国そのものであった。エコノミック・アニマルという有り難くない綽名も頂戴した。そんな経済一辺倒の日本のイメージを払拭するべく、一九八二年に当時の鈴木善幸首相とミッテラン大統領の間で、パリに日本文化会館を建てることが合意された。これには、日本には経済だけでなく文化もあるということを立証したい日本の経済界の強いバックアップもあった。その後の紆余曲折を経て、一九九七年の「フランスにおける日本年」の目玉事業のひとつとして、恒久的な日仏の文化交流の場であるパリ日本文化会館は開館した。つまり九〇年代後半まで、日本といえば経済であり、それを支える技術であった。文化については、一部の教養人や好事家をのぞくと、一般にさほど知れるところではなかった。

そして現代、日本のイメージはまぎれもなく文化大国となりつつある。しかも伝統的なものから最新のものまで、精神性を極めた作品や芸能から親しみやすいポップカルチャーや料理まで、ヴァラエティに富む。ジャポニスム二〇一八を通じてたくさんの事業を実施したが、これほど多種多様な文化コンテンツを提供できる国が、果たして今の世界にどれほどあるだろうか、と自問することが度々あった。

世界三大料理とは、フランス料理、中華料理、トルコ料理、というのが定説である。いずれも宮廷料理だ。しかしユネスコの無形遺産となっているのは、フランス料理、地中海料理、そして日本料理である。

二〇〇〇年代初頭、最初にパリに赴任した頃、フランス人はあんこを食べなかった。もちろん好きな人もいたが、羊羹を出しても申し訳なさそうに「小豆《アリコ・ルージュ》は苦手で」と断られたものだった。二〇一七年のある日、街角のショコラ屋で買い物をして店番のおばあさんと話をするうちに、日本人と知った途端、「ああ、孫とこの前、どら焼きをつくったのよ。私も孫もあんこが大好きなの」と言われた。どら焼きだって饅頭だって、フランス人も喜んで食べるようになった。隔世の感がある。

日本でも知られたイベントにジャパン・エキスポがある。毎年二十万人以上の参加者のある、マンガ・アニメ・ゲームの世界有数の祭典である。フランス人の若者が様々なコスプレを楽しんでいる映像は報道などで日本でもお馴染みだろう。いまだに誤解されることが時々あるが、これはフランス人の日本のマンガ・アニメ・ゲームの愛好家が情報交換や流通の発展を目的に自発的に始めたものであり、日本政府や日本企業が始めたものではない。その後、もちろん在フランス日本国大使館すなわち日本政府やＪＦも協力したことがあるし、多くの日本企業も参加しているが、主体はあくまでフランスの実施団体である。そのジャパン・エキスポの幹部が言うには、マンガ・アニメ・ゲームを中心としつつも、これからはその背景にある日本文化を広く紹介していきたい、マンガ・アニメ・ゲームに関心のある層（主に若者）だけでなく、その家族も含めた広い層にアピールしていきたいし、それに応えるだけのコンテンツを日本は持っている、ということであった。

二十世紀後半、日本語を学習する最大の動機は、ビジネスであった。経済大国日本での、あるいは日本との、仕事が目的である。そういう学習者は今は中国語を学んでいる。二十一世紀になって、日本のマンガを読みたくて、あるいはアニメを見たくて、日本語を学び始める学習者が相対的に増大した。その学習者は、マンガやアニメを超えて、日本文化そのものに関心を深めていく。

フランスにおいて、ひいては世界において、日本は文化大国になりつつある。コンテンツはある。需要もある。フランスにおいてそれを感じつつ、なかなか増えない文化交流事業の現状に半ば諦めに似た感情があったことは否めない。ジャポニスムはまさに時宜を得た一大事業であった。

行脚

東京からの最初の指示から数カ月、まずは日本で準備が進められた。何度かの首相の諮問委員会、展示や公演のいくつかの候補、全体を見渡す総合的企画、ジャポニスムという総合タイトル案——等々の情報が断続的にパリにも届き、ぼんやりとしたイメージが浮かび上がってきた。二〇一六年五月、両国首脳の合意により日仏友好百六十年を記念してのジャポニスム二〇一八の実施が正式に決定し、事務局をＪＦが担うこととなった。

行脚が始まった。パリに限らず、相応の規模の劇場であれば二年先まで、美術館であれば三、四年先までプログラムが決まっているのが通常である。美術館や劇場を繰り返し訪れ、企画の趣旨を伝え、協力を求める。いわば営業活動である。相手は世界に名だたる文化機関であり、普通ならアポも取りにくい。だが、JF理事長自ら出向いてのトップセールスで、アポは比較的よく取れた。そのアポに向かうため、パリの市中や近郊を文字通り東奔西走した。

アポは取れたが、営業は必ずしも常にうまくいくとは限らなかった。特に美術館は厳しかった。素晴らしい企画だ、との外交辞令に続くのは、残念だが二〇一八年から一九年の予定は既に決まっている、という決まり文句であった。事実であったとは思う。ともかく三顧の礼どころでない訪問を繰り返したところもあったが、なかなかうまくいかなかった。

この頃、ジャポニスムのための日仏合同委員会も発足した。フランス側は元駐日大使の外務次官を筆頭に外務省、文化省、アンスティチュ・フランセ、後にパリ市やイル・ド・フランス県も参加した。みな協力的で様々なアドバイスをくれた。美術館や劇場に対して一報も入れるなど、側面支援に尽力してくれた。しかし一様に言われたのは、美術館や劇場のプログラムはそこの館長や芸術監督が決める、国は決して介入できない、という大原則であった。芸術文化の尊重として当然のことである。徹頭徹尾、全く異論はない。異論はないが、企画の受け入れがあまりに難航すると、少しは手伝ってくれたらいいのにと正直思わなくもなかった。恐らく全体主義の国であれば、国のトップが決めたら上意下達ですべて決まるだろう。しかし我々の相手は文化大国フランスである。実直にいくしかない。

なかなか受け入れが進まなかった理由ではないだろうが、我々の用意した企画の基本のひとつは「まだフランスで知られていないアーティスト」だった。これだけの規模で日本の文化芸術を持ち込むのだから、十九世紀のジャポニスムがフランスひいては西洋の文化芸術に衝撃を与えたように、未知のアーティストや作品を紹介したい。北斎なら考えたいという相手に、若冲はまだフランスで知られていないがこれもいいぞと伝えた。だが、なかなか理解してもらえなかった。

美術館に比べれば、劇場は少し余裕があった。二〇一八〜一九年のシーズンのプログラムは必ずしもすべて固まってはいなかったからだ。特に、日本の作品について過去に迎えたことのある劇場や、ジャポニスムの時期にたまたま何らかの企画を迎えるつもりだったところは、積極的に協力してくれた。ジャポニスムでは特に現代演劇に力を入れていたが、ここでも「まだ知られていないアーティスト」を勧めるべく、いわばカタログを用意した。DVDも提供したし、多くのディレクターや芸術監督を日本に招へいして実際に見てもらった。

こうした努力の甲斐あって、ひとつまたひとつと、作品と会場が決まっていった。

ある日、パリ市教育委員会の文化芸術部門責任者が相談にやってきた。同委員会が、日仏友好百六十年を記念して、独自に日本月間を企画し、市内の中学・高校での日本文化関連行事を奨励することを決定したという。話すうちにその責任者と意気投合し、ジャポニスムとの連携が決まった。

ジャポニスム開幕まで一年を切った二〇一七年十一月下旬、パリ日本文化会館で合同記者会見が開催された。フランスの広告代理店とともに準備したその記者会見は、ジャポニスムの成功を最初に占う重要なイベントであった。当日はフランスで高名な文化機関それぞれの館長や芸術監督が出席した。その結果、日仏の多くのメディアで報道された。ジャポニスムが、いわば内緒に準備されてきた計画から、実施を約束されたイベントへと相貌を変えたのである。

その後も個々の事業の詳細化や詰めの作業は続けられた。あわせて記者会見を終えてさらなる広報にも力点が置かれるようになった。フランス人ジャーナリストの日本への招へい、総合「プログラム」冊子の作成、そしてジャポニスム参加機関の広報のネットワーク形成であった。

七月の開幕に先立ち、いくつかの事業が開幕した。そのひとつが、パリ東北部に位置するラ・ヴィレットという複合文化施設での「チームラボ――境界のない世界」展であった。フランスにおいてほぼ無名の彼らの展覧会は、五月に粛々と始まった。しかし徐々に、大規模な広報キャンペーンに加えて噂と口コミが広がり、特に家族連れを中心にこれは面白いと評判が高まり、入場者が倍増して長蛇の行列ができるに至った。

その一方で、ジャポニスムは心強い応援団も得た。在仏日本人会である。永住または駐在の日本人をメンバーの中心とするこの会が、例年の五月の日本祭りで、ジャポニスムの成功を祈念するイベントを開いてくださった。五月晴れの下、会場であるパリ大学都市日本館に集まった方々が、ジャポニスムの法被をまといエイエイオーと勝鬨を上げる姿は、ベタといえばそれまでだが異邦にいる日本人として本当に心強い思いがした。ジャポニスム開幕後、足を運んでくださった方々からは、日本文化の多様で豊かな内容に日本人として誇りに思うと異口同音に感想もいただいた。

美しい五月《ジョリ・メ》という表現がフランス語にあるが、明るい日差しの五月、六月が過ぎ、いよいよ開幕が近づいてきた。

開会式の会場決定は難航したが、日仏の様々な調整を経て、チームラボ展を開催しているラ・ヴィレットに落ち着いた。パリ東北のパンタン門に隣接する広大な公園で、北には科学館が、南には音楽を中心とした文化施設が揃っている。かつては屠殺場だったが、七〇年代の再開発で市民の憩いの場に変貌した。一年を通して、週末や夕方ともなると家族連れが三々五々集まりひとときを楽しむ場所である。南の文化施設には、チームラボ展を開催している大ホールを中心に、東に秋には日本音楽特集や能楽を迎えるフィルハーモニー＝シテ・ド・ラ・ミュージックがあり、西にはパリ高等音楽院が位置する巨大な文化施設である。

七月十二日、革命記念日の二日前、日仏両国代表の揃う開会式はその大ホールが会場となった。在仏日本国大使館やラ・ヴィレットのスタッフとともに、入念な準備が進められた。

開幕にあわせて、市内のあちこちで様々なイベントが始まった。ジャポニスムのコンセプトを総合的に見せる「深みへ――日本の美意識を求めて」展のオープニングに始まり、河瀬直美監督最新作の日仏共同製作映画「Vision」の特別上映、和太鼓 DRUM TAO、「井上有一 一九一六―一九八五 書の解放」展、そしてルーヴル美術館のピラミッドに置かれた彫刻家名和晃平の作品「Throne」の序幕である。

当初は両国首脳が出席する予定だったが、まず七月に入って深刻化した西日本豪雨災害に対応する安倍首相の代わりに河野外相の参加が決まった。それに応じてフランス側も、大統領の代わりに最終的にニッセン文化相が出席することとなった。

当日は仏大統領府のスタッフも来て、なかなか事前打ち合わせ通りに行かずヤキモキしたが、何とか開場したところで、大臣一行が河瀬監督最新作の特別上映の鑑賞を終え、シネマテーク・フランセーズから到着した。

開会式における両大臣の挨拶に前後して、フランス側すなわちラ・ヴィレットの企画したものと日本側の企画したものが舞台に上がった。ラ・ヴィレットのスタッフが司会進行を務めた。日本側は和太鼓DRUM TAOの公演で、これは観客に大いに受けたと思う。対してラ・ヴィレットが用意したのが、ミクロ・フォリーという彼らの事業の紹介であった。

フランスをはじめ古今東西の名画や名作を集めてデジタル化し、来歴や美術史的な情報とあわせてアーカイブ化したものを、フランス国内の特定の施設で見られるようにしたものが、ラ・ヴィレット自慢のミクロ・フォリーである。特に美術教育に使われる。ただ正直言って、事業としては洗練度が少し足りない。とはいえ、すべての文化が洗練されているとは限らない。それが裾野や下支えとなって、文化大国は成り立っている。日本も同様である。それに、少なくともパートナーの希望を実現できたと思う。事業を実施する際、完璧であることを求めるのも大事だが、相手方の意志や気持ちの尊重も、文化交流では大事な要素だろう。

開会式当日は事前の打ち合わせと異なる行事がその場で展開されるなど、アドリブの力を試される場面もあったが、概ね問題なく終えることができた。日本側が驚いたのは、これまで何も言っていなかったフランス側から、ニッセン大臣の挨拶を通じて、二〇二一年に日本で大々的なフランス文化紹介事業を行うとそのとき初めて宣言のあった時だった。今回のジャポニスムは必ずしも相互主義から出発していない。日本がフランスで日本文化事業を展開することに両国が賛成したまでである。しかし、フランス側がジャポニスムに触発されて、今度は自国の文化を日本で紹介しようという気になったということだ。これは紛れもなく、日仏友好を深化させるという意味で、ジャポニスムの大きな成果のひとつであった。
こうしてジャポニスムの幕が開けた。

夏のパリ

開会式が終わり、革命記念日のパレードがあり、さらにこの年はフランスの二度目のサッカー・ワールド・カップ優勝の大騒ぎがあって、夏のパリが始まった。バカンスの季節である。

フランス人のバカンスの習慣は歴史的には実はさほど古いものではないらしい。十九世紀には一部の富裕層に限られていた習慣が、戦前の人民戦線や戦後の共産党、労働組合の影響による年休制度の拡充、地方の安価で長期滞在可能な施設や環境の整備（その意味で観光産業というよりいわばバカンス産業の発展）、戦後の経済成長による所得水準の向上——などとあいまって、一般大衆の生活水準の向上という意味で広まっていったと聞く。その過ごし方は様々で、海や山に近い長期滞在型キッチン付宿泊施設に家族で泊まったり、複数家族で大きな別荘を借りたり、もちろん地方の親戚を訪ねたり、各人各様である。

とはいえ、一般にフランス人はバカンスのみを生き甲斐としている訳ではなく、十分戦い十分休む、という方が正しいと思う。ラ・ヴィレットでの開会式準備のために毎日のように連絡を取り合っていた担当責任者に、あるとき開会式が終わった後の予定を聞いたら、もうひとつイベントを終えたら子どもたちと南仏に三週間のバカンスに行くと言われた。

いずれにせよ夏のパリでは、多くの店舗がシャッターを閉めて商店街などが閑散とする一方で、外国人観光客ばかりが目立つ季節になる、というのは誇張ではない。例えばパリ日本文化会館の入館者数は、七月十四日の革命記念日を境に毎年ぐっと下がる。そのため八月は一般利用者に対しては休館とし、普段できない建物のメンテナンスを行うとともに、フランス人スタッフが法定の権利である年休を使ってバカンスを取れるようにしている。念のため補足すると、日本人スタッフはＪＦの規定に従うため、長くても一週間程度しか休むことはなく、通常通り勤務している。

その中で、ジャポニスムは夏の間も続行することが決まっていた。五月に始まったラ・ヴィレットのチームラボ展は、評判が評判を呼び、特に夏休みに入った子ども連れで連日行列ができた。ポンピドゥ・センターの「池田亮司｜continuum」展やパレ・ド・トーキョーの「Enfance / こども時代」展は、それぞれの美術館が広報活動を行い集客に努めた。問題は開会式と同時にオープンした、「深みへ」展と「井上有一」展であった。

「井上有一」展はパリ日本文化会館で行われた。二十年の会館の歴史の中で初めての八月開館で、集客に不安があった。

「深みへ」展は、凱旋門から少し道を入ったロスチャイルド館で行われた。かつてロスチャイルド家の一家族の住んだ新古典主義建築様式の大邸宅は、往時の栄華を忍ばせる趣のある建物である。だがここは、今は各種のイベントに使われ、美術館ではない。大通りから奥まった場所にある、知る人ぞ知る館である。放っておいて自然と人が入るところではない。

この二つの展覧会はＪＦの単独主催であった。そのため、ＪＦが、パリにあっては会館が主導して、現地代理店と協力しつつ、広報に努めなくてはならない。メディアや各種のネットワークへの働きかけ、市内ポスターの掲示、等々、あらゆる手段を尽くした。また、二つの展覧会のうちいずれかの展覧会を見た人はもう一方の展覧会にも入れるようにした。在仏日本国大使館や在仏日本人会も彼らのコネを最大限活用して支援してくれた。その甲斐あってか、パリが閑散となるのに反比例して、少しずつ来場者は増えていった。

しかし何より、両展覧会の内容が非常に充実していたことが功を奏したのだろう。

「深みへ」展は、ジャポニスムで開催される展示企画のコンセプトを総合的に見せるべく、縄文土器や若冲から日仏の現代作家の作品まで、時代やジャンルを超えて、自然との共存や異種混交といった日本文化の基層を浮き彫りにする意欲的な企画展で、専門家からも来館者からも評判は良かった。また「井上有一」展も、果たして前衛書道が受け入れられるか不安があったが、書道というよりも墨を使った前衛絵画のような筆跡も荒々しい作品はフランス人観客にアンフォルメル（一九四〇〜五〇年代の非定形抽象絵画）との関係性を想起させるようで、こちらも評判は高かった。いずれもメディアで好意的に紹介された。

フランス人は批判精神が旺盛である。アイデンティティの一部かも知れない。他のヨーロッパ人からは煙たがれる場面も目にしたことがある。しかしその批評眼で良いと認めれば、確固たる自信を持って褒める、あるいは他人に薦める。だからかも知れないが、フランスにおいては口コミもいまだにある程度機能している。信頼する家族や友人・知人の言葉によって、人は動く。

最初に足を運んでもらうためにも、あるいは弾みをつけるためにも、もちろん広報は重要である。だがその一方で、フランス人は自分で評価する。良いと評価すればそれを誰かに伝える。伝えられた人がまた見て評価し判断して、別の人に伝える。こうした素朴な申し送りが今も生きている。バカンスの季節ではあったが、噂が噂を呼ぶという現象が起きて、いずれの展覧会も相当の数の方々に見ていただくことができた。

文化の秋

秋は文化の季節である。バカンスで英気を養ってきたパリの人々は仕事に精を出すとともに、様々な文化イベントに足を運ぶ。美術館や劇場といった文化機関の関係者も皆それぞれエネルギーを充塡してきて張り切っている。九月はシーズンの開幕である。いよいよジャポニスムも怒涛のように展開していった。

この年、ジャポニスムに参加した多くの機関が、彼らにとって重要なシーズン開幕作品として、ジャポニスムを選んだ。フィルハーモニー・ド・パリでの宮内庁雅楽、シャイヨー劇場での歌舞伎、パリ市立劇場での現代版三番叟、ジュヌヴィリエ劇場での現代劇、そして何より既に決まっていたプログラムを繰延べして迎えてくれたパリ市立プティ・パレ美術館での若冲展、等々。またジャポニスム二〇一八広報大使の香取慎吾氏も、自身の展覧会を開くとともにジャポニスムの応援に駆け付けた。

なかでも大きなイベントは、皇太子殿下ご訪問であった。一週間のフランスご滞在は大使館がアレンジするが、最後のジャポニスム公式企画へのご参加がご訪問の一番の目的であり、そこが我々の担当であった。ヴェルサイユ宮殿でのマクロン大統領主催晩餐会にあわせて、かつてルイ十四世が観劇した宮殿付属の劇場では、皇太子殿下と大統領ご臨席のもと、宮本亜門（当時）氏演出の3D能が上演された。翌日、殿下は、プティ・パレ美術館での「若冲―〈動植綵絵〉を中心に」オープニングやシャイヨー劇場での歌舞伎公演初日に参加された。シャイヨーではセーヌ対岸にそびえるエッフェル塔の特別ライトアップ（企画・プロデュース：石井幹子&石井リーサ明理）点灯式もあった。いずれも何カ月も前から何度も下見に行き、打ち合わせをし、石造りの長い廊下や階段を、行ったり来たり、登ったり降りたりした。会場の担当者と、まるでスポーツだねと笑った。その甲斐あってか、つつがなく行程を終えることができた。

ひとつ印象に残ったことがある。歌舞伎が上演されたシャイヨー劇場の大ホールは千二百席の階段状で、ビルの三階分はある後ろから斜めに見下ろす形である。そこに事前の打ち合わせ通り、観客が席につき扉が閉まってから、シャイヨーのデシャン館長に導かれて前方上手入り口より皇太子殿下と随行員が入場された。招待状にはご臨席が書かれていたが、場内には張り紙もアナウンスもない。フランスで一般にVIPが開幕直前に席に着くことは珍しくなく、観客が関心なさそうに待っている場面には何度か遭遇したことがある。ところがこの日、殿下が劇場に入られると、誰も何もいわないのに、千人の観客が次々と全員立ち上がった。壮観であった。殿下一行が着席されるのを静かに待っている。西洋式の敬意である。殿下、ひいては日本という国に対する礼であった。

秋のオープニングがひと段落すると、さらに様々な展示や公演や映画が続いた。「縄文―日本における美の誕生」展、「安藤忠雄　挑戦」展、「明治」展、そして風神雷神図をはじめとする「京都の至宝―琳派三〇〇年の創造」展。あるいは、文楽、和太鼓、日本舞踊、野田秀樹をはじめとする現代劇、ダンス。秋から冬にかけて日本の映画百年を振り返る企画が、戦前の貴重な無声映画上映から始まった。市内のレストランやビストロでは、それぞれ日本酒にあう特別メニューが供された。和食の料理人によるフランスの調理師学校でのアトリエも行われた。ZENはフランス語になっているが、高名な禅僧による坐禅会や講演には大勢の参加者が集った。

寒さが到来する直前の十月下旬、天まで晴れたかのような週末、もうひとつの大きな企画が行われた。日本各地の魅力溢れる文化を紹介する「地方の魅力―祭りと文化」企画の中のハイライト、アクリマタシオン公園での日本の祭りである。ブローニュの森の北に位置し、閑静な住宅街に隣接するこの公園は、乗り物もあり動物もいて、さらには広い芝生もある家族の憩いの場である。個人的にも子どもの小さかった頃に足繁く通った思い出がある。今は大規模な改修がなされたが、当時の面影も残っている。そこに、七つの祭りが集まった。高さ十一メートルの五所川原立佞武多、甲冑侍らの行進する信玄公祭り（甲州軍団出陣）、よさこいや阿波踊りほか、日仏の大勢の参加者がフランス人家族と一緒になって楽しんでいる。あわせて、日本や地元フランスから、和食や和小物の屋台がずらっと並んだ。さながら日本が引っ越してきたかのようだった。週末だけで六万人以上の入場者があったらしい。この公園はパリ市が所有者で、いまは大企業グループのＬＶＭＨが受託管理運営をしている。資本力も影響力も超一流である。そのＬＶＭＨの幹部がこの日本の祭りの成功を大層喜んでくれて、これから毎年のように実施したいと言っていた。現実にはなかなか難しいだろうが、今後につなげられたらと思う。

祭りの翌週には曇天となり気温も下がった。また次の企画が始まった。装飾美術館でのジャポニスムの歴史の中でフランスにおける日本の工芸・デザインの影響を探る「ジャポニスムの一五〇年」展、ラ・ヴィレットでの「MANGA⇔TOKYO」展、宮城聡や岡田利規他の現代劇、二・五次元ミュージカル「セーラームーン」に初音ミクのコンサート、日本酒試飲会や各種講演会にシンポジウム、等々。

足掛け二年を費やした日仏共同製作『ワレワレのモロモロ――ジュヌヴィリエ編』もいよいよ上演となった。俳優や素人に「自分自身の最も悲惨な経験」を話してもらい、それを演出家の岩井秀人氏が脚本化して本人に演じてもらう作品のジュヌヴィリエ版である。岩井氏は何度もパリの北に隣接するジュヌヴィリエ市に滞在し、人々に会い、話を聞いた。移民もいれば、社会的問題、あるいは家族との確執やトラウマを抱えた者もいた。一般のフランス人であれば偏見を持ってしまうような人々との対話を、先入観なく進めた。なかには、劇場のフランス人が一緒だと却って危ないからと、岩井氏と通訳だけ残されたこともあったらしい。そんな経験を経て、出演者を選び、その出演者自身の幾つものエピソードをひとつの作品に練り上げた。それぞれの人生の片鱗が、リアルと幻想を行き来するかのような舞台にのぼった。作品は各紙で絶賛された。この企画を発案し実現させた劇場ディレクターのダニエル・ジャンヌトー氏は、自身も演出家で大の親日家である。地球の裏側から来てくれたヒデトだからこそなし得た作品と満足げだった。

パリ日本文化会館では縄文展が開催された。土偶や火焔型土器などの国宝六件、重要文化財三十三件に加え、採集生活を示すドングリの入っていたポシェットや、原初的な漆器、耳輪などの装飾具も含む貴重な、そしてユニークな展覧会は順調に客足を伸ばしていった。その頃フランスでは、燃料税引き上げに端を発する黄色いベスト運動が、生活費の高騰や富の偏在に対する労働者や中産階級の不満と相まって、燎原の火のように広がりつつあった。根幹はあくまで政策に対する国民の権利としての示威行動であり、秩序正しく常に土曜日に繰り広げられたが、一部で暴徒化するとともに、破壊や騒擾を目的とする活動家も紛れ込んできた。デモのルートにある商店や銀行は土曜日にはシャッターを閉めてショーウィンドウを板で保護し、美術館もトラブルを避けて閉館するようになった。幸いパリ日本文化会館はルートから離れていたため、縄文展最終日まで問題は起きなかった。展示室で土偶や土器を感心して眺めている観客を横目で見ながら、縄文人のことを思い浮かべた。とても平和な生活を送っていたらしい彼らも、まさか一万年後に大陸の反対側の異国の地で、騒擾と怒声と催涙弾にあい見えることになろうとは想像もしなかったろうになどと考えた。

こうして文化の秋は深まっていった。

大団円

年が明け、ジャポニスムは最終コーナーに入った。

会館では縄文展が終わり、「藤田嗣治：生涯の作品（一八八六—一九六八）」展が始まった。前年に日本で開催された大回顧展の展示作品を厳選した内容である。エコール・ド・パリの一人である日本人画家の作品はその繊細な線描や乳白色の色合いでパリジャンにも親しまれているが、今回はフランスで初公開される戦争画をはじめ南米や中国で描かれた作品も含まれている。作家の知られざる一面を確かめに、連日観客が訪れて長蛇の列ができ、ついには会館二十年の展示の歴史で最大の動員数を記録することとなった。

ジャポニスムは大団円に向けて加速していた。生け花の五つの流派の家元級が集い、文字通り百花繚乱の絢爛な大型作品が大勢の人の見る目を楽しませた。世界最大の柔道人口を抱えるのはフランスだが、ＪＦが日本の講道館、フランス柔道連盟と共催した講習会が十二月、一月、二月に開かれ、上村春樹講道館長やオリンピック三連覇の野村忠宏七段（十二月のみ）とともに、千人を超える子どもから大人までのフランス人ジュードーカ（柔道家）が汗を流した。辻仁成氏がディレクターを務め、林真理子氏、桐野夏生氏、角田光代氏はじめ日本とフランス語圏の作家が参加したシンポジウムも注目を集めた。

日本映画百年を振り返る企画が、いよいよ二十一世紀まで辿り着いた。ゲストも賑やかになり、故大林宣彦監督を筆頭とする十二人の監督に加え、上映映画に出演している俳優の役所広司氏、常盤貴子氏、宮崎あおい氏も来仏した。二月半ばに行われたこの映画企画の記者発表に先立ち、ユニジャパンとフランス国立映画センターで日仏映画協定交換式が執り行われ、ユネスコのアズレー事務局長も駆け付けた。

本格的な能舞台を持ち込んだ能楽公演は、見識の高いフランスの観客を魅了した。故蜷川幸雄演出の舞台『海辺のカフカ』には、原作者である村上春樹氏も来仏しフランスの若い読者と交流した。ジャポニスムの公式期間は二月末までだが、最後の企画は瑞宝太鼓などの障害者による舞台で、多様性を旨とするこれからの芸術や社会を垣間見せてくれた。

日本大使公邸で特にフランスの関係者に対する感謝のレセプションが開かれた。ジャポニスムに参加した文化機関の長が集まった。ラ・ヴィレットの総裁やプティ・パレ美術館の館長など錚々たる参加者は、さながら連合軍の各司令官が集まったようであった。ジャポニスム開幕前から有形無形の支援をしてくれたジャック・ラング元文化相も出席し、ジャポニスムについて、尊敬すべき素晴らしい一大イベントであったと最大限の賛辞をくれた。頼もしい援軍であった在仏日本人会や在仏商工会議所の方々も満足げであった。すべての公式企画が終わった。ジャポニスムは静かに幕を閉じた。

文化交流の種蒔き

ジャポニスムが始まる前だったと思う。ある日、日本貿易振興機構（JETRO）のパリ事務所の方と話していて、従来はB2B（ビー・ツー・ビー）の仕事がメインだったが、これからはB2C（ビー・ツー・シー）の仕事も重要になってくる、と言われたことがある。Bはビジネスで C はカスタマー（消費者）の略である。B2Bは企業間取引（ビジネスからビジネスへ）のことで、JETROパリの仕事としては日本の企業とフランスの企業を結び付けることになる。これに対してB2Cとは、日本の企業とフランスの消費者を直接つなぐ（ビジネスからカスタマーへ）ことで、例えば日本の食材や工芸品等にフランスの消費者が直接触れる機会を設け、消費者のニーズや嗜好を調べる、あるいは関心を高めることを目指す。特にこのＢ２Ｃでは文化の役割が重要なので、その点で協力しましょうと言われ、喜んでと答えた。文化紹介の機会が増えることは望ましいし、文化が役に立つことにも異存はない。

これとは別に、このＢ２ＢやＢ２Ｃの考え方を文化交流に応用することができると気が付いた。文化交流では、文化専門家同士の人的交流もあれば、文化芸術を相手国の一般国民に紹介する事業もあるからである。ただビジネスではないのでＢはそぐわない。文化はカルチャーなのでＣとしたいが既にカスタマーに取られているので、Ａとしよう。アーティスト（芸術家）のＡ、アカデミック（学術）のＡである。アーティストは広く芸術・文化に関わる人で、製作者やスタッフ等も含む。アカデミックも広く学術、教育、研究等に関係する人とする。要するにＡとは、広く文化関係者や文化専門家を指す。これに対して文化を受け取る側は、消費者というよりは広く相手国の国民（パブリック）なので、Ｐとしよう。

一般的な日本文化紹介はＡ２Ｐ（エー・ツー・ピー）である。ジャポニスムの多くの事業はこれに相当する。例えば、チームラボ展や若冲展などの展示、歌舞伎や現代演劇などの公演、映画上映、エッフェル塔のライトアップ、地方の祭りと文化の紹介事業――は、その典型である。一般的に文化交流の評価として参加者数や入場者数などに目が奪われやすいが、Ａ２Ｐの観点からは確かにそれも意味がある。その点でジャポニスムは三百五十万人以上の来場者を得た訳だから、大成功のＡ２Ｐである。

他方で専門家の人的交流がＡ２Ａ（エー・ツー・エー）である。一番典型的なのは共同製作であり、ジャポニスムでは『ワレワレのモロモロ』があった。あるいは専門家が集って知見を交換する会議やシンポジウムもこれに相当し、ジャポニスムでは文学や政治に関する専門家を集めての一連の日仏ダイアローグが行われた。調理師学校での和食のアトリエや柔道講習会も、これに含めることができるだろう。

　さらに言えば、Ａ２Ｐの事業である若冲展や歌舞伎公演の裏側では、例えば美術や舞台の、日本とフランスそれぞれの専門家やスタッフとの間の密接な共同作業が欠かせなかった。ここにＡ２Ａの交流を認めることもできるだろう。

　ＪＥＴＲＯがＢ２ＢやＢ２Ｃの交流を通じてビジネスが花開くことを目指すように、国際文化交流に携わる者はＡ２ＡやＡ２Ｐの交流がいつか次の文化交流として花開くことを願っている。

　例えば雅楽・文楽・和太鼓・日本舞踊・能楽を実施したフィルハーモニー・ド・パリは、二〇〇六年にＪＦと共に日本音楽特集を実施したときのよい記憶を持っていたからこそ、ジャポニスムにおいて最初から最後まで非常に協力的であった。十年以上前のＡ２Ａがジャポニスムに繋がったのである。

　あるいはＡ２Ｐなら、かつて日本美術に魅入られたフランス人の少年が長じて日本贔屓の大統領となったシラクのエピソードは有名だが、ジャポニスムに参加した人々、特に若い人々が、これを機会に日本にさらなる関心を持ってほしいと考える。そのためにＪＦでは、例えばフォローアップ事業としてジャポニスムに参加したフランス人の若者の招へい事業を進めている。

　文化交流とは、畢竟、種蒔きの繰り返しだと思う。大きな花を咲かせるには種蒔きが重要である。ジャポニスム二〇一八とは、後世に語られるような世紀の大輪の花であったことは間違いない。その一方で、その間に蒔かれた無数の種が、Ａ２Ａという苗やＡ２Ｐという株が、いつかまた花開くことを願ってやまない。

銀幕が映す文化交流

許斐雅文

一　はじめに

海外で多くの日本映画を見てもらえれば、一度に多くの人に日本の魅力を伝えることができ、より幅広い層の人たちが日本の文化や社会に興味を持つに違いない。それによって、日本ファンが増え、さらにはＪＦの認知度も高まるという相乗効果が生まれる。このシンプルな考え方に基づき、私は二十七年間、海外における日本映画市場の活性化に努めてきた。

現在、ＪＦではＪＦＦ（Japanese Film Festival: 日本映画祭）ネットワークとJFF Plus（オンラインプラットフォーム）という二つの事業のブランド化を目指している。ＪＦＦネットワークは、ＪＦの海外拠点で実施している十四カ国の各々の日本映画祭（リアルイベント）のネットワーク化を目指して、二〇一六年に始まった事業であり、二〇一九年には約十八万人を動員した。JFF Plusは、オンライン上での映画配信や関連記事、そして各国のイベント情報などにより、日本映画祭との親和性を高めるための関連事業として二〇二〇年十月に立ち上げた。

事業の成功に近道はなく、まだまだ先は長い。しかし、私は日本映画事業に関わることにより多くのことを学んだ。何よりも事業を行うに当たって、企画力はもちろんのこと、マネジメント力とマーケティング力が必要不可欠であることを体得したのは大きな収穫であった。イベント運営は一人ではできない。関係者や協力者全員をチームの一員と見なして事業を進めていくこと。このような細かい配慮の積み重ねが、一人ひとりのモチベーションを高め、常に現場や職場全体を輝かせ、最終的には革新的な発想へとつながっていくのだと信じている。

この考え方の原点は、オーストラリアの日本映画祭にある。そこで流した汗と涙、現場で培った「熱い思い」は今でも私の原動力となっている。

二　オーストラリア日本映画祭

一九九三年三月。私はJFの海外拠点、国際交流基金シドニー日本文化センター設立のタイミングで、現地職員として入所した。「国際交流基金」という名前もその業務内容もあまり知らずに入ったのだが、映画やイベントも行っているので自分に向いているかもしれないと思った。日本の本部から送られてくる良質な展示や舞台芸術の運営に加えて、海外フィルムライブラリーとして所蔵していた約二百本の十六ミリフィルムを使用しての映画上映会など、自ら企画したものを含め、様々な文化イベントに没頭した。

当時の文化センターはオフィスビルの十三、十四階にあり、図書館やギャラリーを併設するも認知度は低く、知る人ぞ知る存在であった。インターネットは普及しておらず、広報と言えば、千人弱のメイリングリストを使ってチラシやニューズレターを送り、イベント参加者はいつも同じ顔ぶれの常連さんが集う、仲良しクラブのようであった。私は、何とか新しいお客さんを取り込む方法はないか。それができるイベントはないかと模索していた。

ある日、友人のパーティーに呼ばれ、五、六人のオーストラリア人のグループと会話を楽しんでいる中で、「どんな日本映画が好きか?」と聞いてみた。例えば、黒澤明の「七人の侍」のような作品の名前が上がると当然のように思っていた。ところが、返ってきた答えは、

「お天気お姉さん」(英語名:A WEATHER WOMAN)

日本ではあまり知られていないが、一九九五年に製作された同名の漫画原作によるVシネマ(劇場公開や放映を前提としないレンタル専用のオリジナルビデオ)であったが、海外劇場版として多数の国際映画祭に出品され、一般公開もされたセクシャルシーン満載のカルト映画である。

予想は見事に裏切られ、その強烈なタイトルに愕然とした。しかも全員が口を揃えて、「あれは面白かった!」、「最近見た中で最高の映画!」と褒め称えたのだ。

オーストラリアは一九七〇年代、白豪主義から多民族国家へと舵を切り、世界各国から移民が一気に押し寄せた。メディアでは、移民を対象にした多言語放送局SBS(スペシャル・ブロードキャスティング・サービス)が開設され、六十八の言語でラジオやテレビ番組を提供していた。各国の映画を英語字幕付きで見ることもでき、「お天気お姉さん」はこのSBSで放映され、人気を博していたのだ。

異文化を受け入れてくれる姿勢。これこそがオーストラリアの多文化主義だと思いつつも、このままでは良質な日本映画が知られずに日本が判断されるのではないかと一抹の不安を感じた。今、振り返ってみれば、

このパーティーでのなにげない会話が私を日本映画祭開催へと導いてくれたような気がする。

生みの苦しみ――初の日本映画祭

一九九七年、日豪友好協力基本条約二十周年記念事業として、初の日本映画祭を主要五都市（シドニー、メルボルン、キャンベラ、ブリスベン、パース）で開催した。オーストラリアは広大なため、シドニー以外の各都市では、在外公館（大使館及び総領事館）にある広報文化センターがそれぞれ運営を担当した。私は全体を統括しつつ、シドニーの運営に集中した。作品数がたった三本の無料上映。会場は市内から電車で二十分、駅から徒歩二十分と、集客を考えれば最悪の場所となり、総動員数はたったの四百八十九名であった。「なんでこんなに遠いの？」、「映画祭が一日一本の三本だけ？」と不満の矛先は担当者である私に向けられた。この状況では、観客を増やすどころか、イベントとしての効果は薄く、映画祭を継続できないことは明らかであった。作品本数を増やし、便利な会場を確保し、集客力の高い映画祭にする。とにかく現地コミュニティが楽しんでもらえるようなイベントにしよう。私はそう心に決め、奔走し始めた。

映画祭で最も重要な作品選定に際しては、自分自身の目利きと感覚も必要だが、見る側のニーズは特に重要だ。現地に見合った作品を東京本部へ要望するも、送られてきたのは、残念ながら一般のオーストラリア人が好むような作品ではなかった。日本側の有識者によって選定された作品には秀作もあったが、日本で一般公開されている人気作やヒット作品はほとんど含まれていなかった。ＪＦと配給会社との契約上、非商業施設での無料上映が条件とされており、人気作はビジネスや権利処理との絡みもあり、配給会社との交渉が難しいと知った。私は日本側の映画産業の構造をよく理解しておらず、思った作品が手に入らないことが予想以上に大きな壁となった。日本側が海外向けに選定した作品と現地のニーズは明らかに乖離していた。

二〇〇〇年、日本映画学校（現、日本映画大学）創設三十周年記念の特別イベントとして「サザンクロス日本映画祭二〇〇〇」を共催。日本映画学校の創設者である今村昌平監督や女優の倍賞美津子さん、映画評論家の佐藤忠男さん（当時の学校長）など、総勢二十名の映画関係者を招き、映画上映のほか、オーストラリアの映画学校関係者との交流会を実施した。このイベントは、翌年から「豪日学生映画フォーラム」として、両国の若き映画クリエーターの交流の場へと発展した。映画祭に新たなエネルギーを吹き込む関連イベントとして、その後六年間継続した。この映画祭は、私が手掛けた初の有料イベントとなり、両国の映画産業に関する自分の知識を高めると同時に、映画祭をステップアップさせる意欲につながるきっかけともなった。その後も何とか作品数を三本から六本へ、そして八本へと増やしていき、それに応じて動員数も僅かながら増えていった。しかし、映画祭全体のマイナーなイメージは払拭できずにいた。

チャンスを活かす——小さな現場革命

転機は二〇〇六年。日本映画祭は十年目を迎えていた。その年は日豪交流年で周年事業ということもあり、例年より多くの予算がついた。私はこれが最大かつ最後のチャンスと捉え、本格的な日本映画祭へステップアップする一大決心をした。一発屋のようなその場限りのイベントとなって失敗するかもしれないが、とにかく見る人が喜ぶ作品を集め、イベントの質を上げる。日本映画祭の認知度を高めたい一心であった。

まずは、映画祭のビジョンを構築し、マネジメントのシステム、つまり運営体制をつくることから始めた。「楽しい！　感動する！　癒される！　映画祭」をキャッチフレーズに皆が共感できる映画祭を理念とした。

一般客を第一に考え、常に現地と現場目線で物事を考えること。三年後をめどに、動員数を三万人にすること。この「思い」を映画祭の担当者だけでなく、JFの受付スタッフまで全員に徹底的に浸透させた。そしてチーム制を導入した上で、スタッフの役割分担を整理した。自分自身がフェスティバルディレクターとなり、スポンサーや配給会社との交渉も行い、責任の所在を明確にした。会場運営とマーケティングは、それぞれオーストラリア人スタッフが直接担当し、外部からイベントプロデューサーを迎え、チームの強化を図った。

会場は、長年の夢であった街の目抜き通りにある大手シネマに打診。「うちはハリウッド映画しか上映しませんよ。映画祭なら、もっと適した映画館がありますよ」と一蹴された。確かに、大規模なフランス、イタリア、ドイツ映画祭もメイン会場には市内から少し離れた映画通が集まるブティック風の映画館を使っており、それが業界の常識であった。しかし、第一回目の経験から、見に来る人にとっての利便性は譲れない部分であり、街の中心で週末には二万人が訪れる大きな映画館は最適な会場だと考えていた。諦めずに何度も足を運び交渉した結果、最終的に「集客で成功させる」ことを条件に何とか許諾を得られた。日本映画祭は、その映画館にとって初の映画祭であった。

お客さんが見たい作品を上映することは「集客」に直結する。しかし、自分たちの要求する作品を本部から送ってもらうことは期待できない。配給会社と直接交渉するため、私は東京に乗り込んだ。二十社以上を訪問し、オーストラリアにおける日本映画祭の意義や目的、そして日本映画を見る機会がない現地事情を懸命に説明し、熱弁を振るい頭を下げ続けた。「おたくの映画祭って小さいし、うちに何のメリットがあるの?」とけんもほろろな扱い。悔しかった。一方「話を聞いていると面白そうだし、映画祭も大きくなりそう」と出品を快諾してくれた時は、素直に嬉しく、涙が出そうであった。それまで八本だった作品数は、「Always 三丁目の夕日」などのヒット作品を含む十九本まで一気に拡大した。我らが映画祭チームの熱い思いは周りの心も動かし、最終的に民間会社十三社とメディア二社がスポンサー協力を申し出てくれた。

映画館内はポスターを貼ったり、バナーを並べたりして映画祭一色にし、フェスティバルの雰囲気を盛り上げる工夫をした。スタッフ全員が毎日遅くまで身を粉にして働いたのは言うまでもない。スポンサーを取り込み、観客も入場料を負担して、皆で一丸となれば、質の高いイベントを実施できると証明したかった。このようにして、第十回日本映画祭では、全作品のうち、半数近くについてはチケットが完売し、五千五百人以上を動員して大盛況に終わった。チーム全員で祝杯をあげ喜びを分かちあったことは、今となっては忘れ難い思い出の一つである。

二〇〇八年の第十二回日本映画祭では、「おくりびと」をクロージング作品として上映。話題作とあって、チケット売り場に千人以上が殺到し、シネマが大混乱。怒られる覚悟をしたが、映画館のジェネラルマネージャーからは「すごい！　どうやってマーケティングしているの？」と逆に喜ばれた。「集客で成功させる」という最初の約束を果たし、同時に日本映画祭の存在感を示した瞬間でもあった。「映画祭、本当に大きくなりましたね。もっとお話を聞かせてください」という依頼に応えて、私の東京出張も毎夏の恒例行事となり、日本映画祭は各配給会社からも徐々に信頼されるようになって、二〇〇八年時点で動員数は一万人を突破した。

最強のマーケティング戦略――ボランティアの重要性

オーストラリアは一九七三年の移民法改正と一九七五年の人種差別禁止法の制定を経て、移民の母語と文化を尊重する「多文化主義」の理念のもとに、白豪主義から多民族国家へと舵を切り、これを機に世界各国からの移民が一気に押し寄せてきた。オーストラリアがアジアの一員であるという認識が高まり、政府は東南アジア諸国から難民を積極的に受け入れ、その結果、アジアを中心に各国のコミュニティが形成された。そこでは母国語が話され、食や娯楽を含むアジアの混沌とした生活文化が繰り広げられていた。

そのためか、人口や市場規模が小さいにもかかわらず、各国の様々なイベントが至る所で開催されていた。都市や地域ごとに国際映画祭や短編・ドキュメンタリーを扱うテーマ別映画祭が開催され、国別ではフランス、ドイツ、イタリアはもちろんのこと、レバノン、南アフリカ、セルビア、ユダヤ、パレスチナのような、日本ではあまり聞き慣れない多文化共生社会ならではの映画祭が多数あった。このように多種多様のイベントが混在する国も珍しいが、マーケティングの観点から考えると、小さな市場で人が分散し、有料となれば集客がなおさら難しいと感じていた。

最強のマーケティング戦略とは何か？　毎日のように自問自答した。マスを狙った宣伝だけでは人は集まらないし、そもそも海外では日本映画はニッチ市場であるため、マスに向けての宣伝はコストの割には効果が低い。イベントの集客はまず人と出会い、映画祭に行きたいと思ってもらうことが重要となるため、口コミが最強のマーケティングだ。究極の口コミ、それは熱烈なファンによるものであり、その先端をいくのがボランティアの存在ではないかと私は考えた。ボランティアは日本映画祭に愛のある一番のアンバサダーである。日本語学習のため、アニメ好き、日本好きとボランティアになる理由は様々であるが、共通しているのは自分の好きなものを他人に知ってほしい気持ちが人一倍強いことだろう。スタッフが少なくマンパワーが不足しがちな状況で、ボランティアの協力は不可欠となる。

日本映画祭も規模が拡大するにつれ、多くのボランティアが集まるようになった。オーストラリアらしく、アジア人を含む多種多様な顔ぶれが揃った。ボランティアに対する考え方や役割は様々だが、私は「全員をチームの一員とする」との思いが強かった。準備段階のマーケティングと作品のプログラミング、開催中の運営マネジメント、そして終了後のアンケートのデータ分析と、ボランティアを各人の得意分野や興味によって三つの担当グループに分け、それぞれにリーダーを置くことにした。

その効果は絶大だった。例えば、マーケティングでは多文化共生社会の特性を活かし、ボランティア各人が母国コミュニティに出向いて、地域の店にチラシを配布しながら、効率的に友人や知人に口コミで映画祭の情報を拡散した。宣伝媒体のデザインや映画館の装飾は美術大学生が担当。数学が得意な高校生がアンケートを分析した。そして、彼らを取りまとめるリーダーは、最強かつ最高のアンバサダーとして、映画祭では欠かせない重要なチームの一員となった。

映画祭の規模が拡大すると、そのブランド力は高まり、様々な相乗効果を生みながら、エコシステムが構築されていく。他のJFの関連イベントや日本語クラスへの参加者が増え、「映画祭で働きたい！」という優秀な人材が集まる。その人材は映画祭で様々な知識を吸収しながら専門性を高め、他の会社や組織へとステップアップしていく。彼らは映画祭を離れても、半永久的なアンバサダーとなり、転職先の仲間を連れて映画祭に参加し、時にはその会社がスポンサーとなってくれる。映画祭で培った経験は連綿と引き継がれ、そこには信頼とシナジー効果が生まれる。それはまさに「共感される映画祭」の証と言えるだろう。

デジタル化の波——映画祭最大の危機

映画祭の醍醐味の一つに、人と人との出会いがある。幸運なことにオーストラリア日本映画祭にはこれまで多数のゲストが参加してくださった。今村昌平、大友啓史、押井守、周防正行などの監督陣。俳優では八千草薫、倍賞美津子、竹野内豊、本木雅弘など、今振り返ってみても豪華な顔ぶれである。銀幕の世界の人たちを一目見ようと客が殺到し、会場は大混乱になることもあった。当然ながら、映画祭スタッフはゲストの対応に人一倍気を遣う。メディアとの調整や舞台挨拶の進行など、一つひとつの項目について細かく打ち合わせを重ね、上映前には必ず音質や画質などのスクリーンチェックを監督と一緒に行った。

「これは私が作った映画の色と違います」

二〇一二年、日本映画祭に参加してくださった周防正行監督と西川美和監督から、このようなクレームがついた。確かに一目で分かるぐらい、画面の黒色が強過ぎて、全体的に暗く背景がよく見えない箇所があった。すぐに映写技師に色を調整するように要請したが「日本からの素材がテープなので、うちのシネマでは色調整はできません」と言われ、自分の顔から血の気が引くのが分かった。

映像の技術革新によって、二〇〇七年頃から映画の上映素材はそれまでの三十五ミリプリント（フィルム）からＤＣＰ（Digital Cinema Package）と呼ばれるデジタル素材に移行した。オーストラリアでも二〇〇九年頃からデジタル化が一気に加速し、またたく間にその波に飲まれていった。我々の映画館でも三十五ミリプリントの映写機を残しつつも、十二のうち十スクリーンがデジタル対応のみとなった。一方、日本の配給会社は、ＤＣＰ素材が非常に高額ということもあり、海外上映用素材として、英語字幕付きの三十五ミリプリントを比較的安価なHDcamというテープに変換して対応した。そもそも儲からない海外市場にコストをかけることはできなかったため、海外用にテープを一本だけ作成し、それを世界中の映画祭で巡回させるような状況であった。

しかし、海外ではそのHDcam素材を再生できる施設が少なく、オーストラリアの商業映画館でも再生できなかった。我々は業者からHDcam専用の再生機を借り、最先端技術のＤＣＰプロジェクターにつないで、何とか対応した。そのため、再生機では画質などの細かな調整ができず、プロジェクターとの相性も悪く、不具合が多発した。監督には申し訳ない気持ちでいっぱいだったが、我々には為す術がなかった。

そして、さらに追い討ちをかける事態が発生した。六年ぶりの高倉健主演の新作「あなたへ」の上映が決定し、映画祭開催前からチケットは完売していた。多くのファンが待ち望んでいた上映当日、私はゲストの対応のため会場に居合わせることができなかった。「今頃、観客は映画を楽しんでいるだろうな」とぼんやり考えていると、突然スタッフからの電話が鳴った。

「映画がかかりません！」、「えっ！　ちゃんと上映チェックしたよね？」、「はい。その時は大丈夫でした。映写技師が三十分以上も復旧作業をしていますが、もう限界です」

慌てて会場に駆けつけると、現場は大混乱。スタッフは右往左往していた。すぐに映画館マネージャーから観客全員にお詫びの無料チケットを配布するように依頼をして、私はマイクを握って舞台に立った。状況を説明した上で、何度もお詫びし、映画祭期間中に再上映すると約束した。しかし、一部の観客の怒りは収まらなかった。

「私の義理の母（日本人）が高倉健の大ファンで、誕生日プレゼントにこの映画に招待した。母は本当に喜んで、この日のためにキャンベラからシドニーへ飛行機に乗って来たんだ！」とある男性はものすごい剣幕でまくし立てた。私は何も言えなかった。その後も何度も電話やメールで話をしたが「映画祭には二度と行きません」と最後まで許してもらえなかった。

再上映当日。上映前に入念なチェックを行い、準備万端で臨んだ。しかし、無情にもまさかの不具合が再び発生した。「こんなことがあっていいのか！　夢であってほしい」。その願いも虚しく、上映は中止に。大勢の観客の前で「本当に泣きそうです。皆さんの前で土下座したい気分です」と私は率直な心境を伝えた。映画館のデジタル化と日本の映画素材の状況を詳しく説明し「必ず改善します。どうか映画祭を嫌いにならないでください」と深く頭を下げた。「頑張れ！」と会場から拍手が沸いた。

「HDcamをDCPに変換させてください」。翌年の夏、私は各配給会社を回り、昨年の状況を説明しながら必死で訴えた。当時、DCP化は日本ではまだまだ高額であったが、シドニーで安価に変換できるラボを探し出した。「困っている映画祭は沢山あるはず。変換したDCPは他の映画祭で再利用してください」。社内の方針で許諾を得られない会社もあったが、それでも多くの配給会社が賛同してくれた。すべての作品をDCP化し、不具合はついにゼロとなった。その後、周防監督と西川監督に再来豪していただき、最高のスクリーンでDCP上映が実現した。「画質がとても良く、素晴らしいシネマですね」との言葉に、私は安堵の胸をなでおろすと同時に関係者の信頼をようやく回復した気持ちであった。

ブランド再構築——JFF（Japanese Film Festival）誕生

二〇一三年、日本映画祭を始めて十七年。その間にシドニーとメルボルンの二会場を完全有料化し、動員数は約二万人となっていた。その盛況ぶりを見た他都市の在外公館が、規模拡大に力を入れたいと我々に運営を要望。シドニー日本文化センターのチームスタッフの間で、イベント運営やマーケティングに関して知識が向上していたこともあり、要望を受け入れることにした。多都市での開催には、かなりのマネジメントとマーケティング戦略が必要だ。映画祭の規模拡大に備えて、私は数年前より我々の事業にふさわしいプロのマーケティング会社を探していたが、その中から若手のマーケティング集団であるD社に相談を持ちかけた。

「ブランドを再構築して、全豪キャンペーンを仕掛けましょう」。これがD社の提案であった。まずは、映画祭を認知してもらうため、事業のイメージを明確にすることから始めた。そのためには認知しやすい映画祭名とロゴの統一が重要だった。墨でサッとブラッシングしたこれまでのロゴは、何となく日本文化は感じつつも、サムライを彷彿とさせる男性的なイメージがあった。チーム内では、定着しているロゴをわざわざ変える必要があるのか、という意見が出た。しかし、映画祭を新しい都市に広げるため、心機一転して取り組まなければいけないこと。若年層をメインターゲットにするため、伝統とモダンの融合したイメージが必要なこと。そして、初心に帰ってプロ集団と共に一から映画祭を創り上げていくことの重要性を私は説いた。話し合いを重ねた末、日本を印象づける折り紙を基調としたモダンなロゴに装いを変えた。こうして「JFF（ジェイ・エフ・エフ）」が誕生したのである。

　JFFロゴを前面に押し出した宣伝キャンペーンは功を奏した。チームメンバーは開催主要五都市（シドニー、メルボルン、キャンベラ、ブリスベン、パース）を回りながら、各都市のボランティアや関係者と絆を深めていった。その年、作品数は四十本となり、動員数は約二万五千人を記録。ついに世界最大規模の日本映画祭となった。

三　ＪＦＦをネットワーク化へ

二〇一五年四月。私は本部からＪＦＦを東南アジアで展開する要請を受け、急遽二十五年間のオーストラリア生活に終止符を打ち、東京のＪＦ本部のアジアセンターへ移った（後に映像事業部へ異動）。当時、東南アジアでは計六カ国（フィリピン、マレーシア、ベトナム、タイ、インドネシア、シンガポール）で日本映画祭が実施されていたが、全体の人口の割にはファン数が少なく、日本映画が一般公開されることはほとんどなかった。日本映画祭は多くの人に日本文化を幅広く知ってもらう有効な手段ではあったが、アジア全体では韓国のコンテンツが既に市場に浸透しており、新たに日本映画が入り込むことは困難だと感じていた。

ＪＦの特性を活かしつつ、一気に事業を拡大する方法。それはＪＦの海外拠点を巻き込んだ日本映画祭のブランディング向上とネットワーク化しかないと考えた。つまり、各国の事情や上映作品は少しずつ違っても、ＪＦＦロゴを統一し、同じブランドとして打ち出した上で、日本映画全体の認知度を高める。情報やノウハウを惜しみなく共有し、共通して使えるＤＣＰ素材はシェアする。例えば、カップヌードルのような戦略イメージだ。国に応じて味を少しずつ変えたり、独自の味を開発しているが、全体に統一感があり、誰もがカップヌードルのブランドと認識できるようになっている。

東南アジアでのネットワーク展開

二〇一六年、ＡＳＥＡＮと豪州の十一カ国を対象に「ＪＦＦアジア・パシフィックゲートウェイ構想」（後のJFFネットワーク）を立ち上げた。リアルな映画祭としてのオフライン事業とオンラインの両面から「日本映画を通して、楽しく人が集える場」を目指した。文化交流の場を広げ、日本ファンを増やすことを目的とし、百万人のプラットフォーム（動員数とオンラインのユーザー／フォロワー数の合計）を目標に掲げた。

例えばカンボジアのように日本映画祭を実施していない国では新規にJFFを立ち上げ、既に映画祭を開催している国については、私自身がJFFの海外拠点に出張し、JFFネットワークの意義や目的を説明し協力を依頼した。

当時、東南アジア諸国では、現地語字幕付きのDCP素材の調達が困難だったこともあり、上映作品は日本公開から二、三年経ったものが主流で、新作はほとんどなかった。上映環境を整えれば、必ずファンは増え、JFFネットワークも拡大することは分かっていた。しかし、日本で字幕付きDCPを製作するのは非常に高額で、与えられた予算内では不可能であった。そこで、物価の安いカンボジアでDCP素材を製作しようと考えた。しかし、海外でDCPを製作する場合、配給会社に作品のコピーや編集なども可能な専用のマスターキーを託してもらう必要があり、安全性の面で配給会社との交渉は困難を極めた。しかし、オーストラリアで培った経験が役に立ち、一部の配給会社を除いては何とか許諾を得ることができ、その時は非常にありがたいと感じた。

現在、各国で日本映画を上映できる映画館の選択肢が広がり、新作の調達が飛躍的に高まっているのは、現地語字幕付きDCP素材のおかげであり、この問題をクリアしたことがJFFネットワーク拡大への大きなステップとなった。

東南アジアでのJFFネットワーク展開の準備をしていた頃、「中国と映画の共同製作協定を結べないかと考えている。そのためにまずは中国で日本映画祭を開催する方法を考えてほしい」。こう、当時の安藤理事長が切り出した。

二〇一二年から二〇一四年まで、日中間の関係悪化と外国映画に対する規制により、中国ではしばらく日本映画は公開されていなかった。しかし、その後規制が緩和され、徐々に日本映画も劇場公開されるようになった。二〇一五年に「STAND BY ME ドラえもん」が中国で初公開され、興行収入約百億円の大ヒットとなった時は、日本の映画業界全体が中国市場の可能性を実感した。

二〇一六年十一月、日本政府が日本映画の海外展開を推進するための検討会議を立ち上げ、アジアを中心とした日本映画の展開における課題や方策について議論を開始した。それが後押しとなり、日中の映画交流が動き始めた。

政府と映画業界が日中共同製作協定を進めつつ、JFとして映画祭開催を模索する日々が続いた。中国は政府の規制が厳しく、突然作品認可が取り消されたり上映が中止になったりするため、映画祭の運営は非常に難しい。我々はJF本部の日中交流センターと海外拠点の北京日本文化センターとチームを組み、比較的許可が下りやすいとされた、JFが中国の十三地域（当時）で展開する「ふれあいの場」で日本映画上映会を実施することにした。その一方で、中国政府との関係が強い上海国際映画祭、日本側の東京国際映画祭並びに政府関係機関であるJFの三者共催で、三都市（上海、深圳、昆明）において、日中国交正常化四十五周年を記念し、日本映画祭（公式名：日本新作映画上映会）を実施することができた。

二〇一七年、初のＪＦＦ中国はいきなり二万人超の動員数となり大盛況であった。しかし、中国の映画市場規模が十六億人（二〇一七年映画館入場者数、出典データUNESCO）であることを考えると、二万人というのはごくわずかでしかない。地方には日本映画を見られない人が多くいるはずだ。この問題を解決する方法として、私は日本映画祭と同時に、オンライン配信の重要性に着目し、中国の大手配信会社と会って、オンライン上での共催事業ができないか模索し始めた。この人脈づくりが後に大きな事業へと発展していくのであった。

二〇一七年以降、日中における映画ビジネスは急速に進展した。日本映画も徐々に劇場公開されるようになり、我々は中国全土で五十館以上を所有する映画会社、ブロードウェイとの関係を築き、それにより開催都市も六都市へと拡大した。二〇一八年五月、両政府による日中映画共同製作協定が締結され、今後両国の映画交流が活発化することが期待される。

中国での事業展開をしている間に、新たに映画大国として知られるインドとロシアもＪＦＦネットワークに加わった。ロシアでは日露間における人的交流の拡大に向けた方策の一つとして、二〇一八年に「ロシアにおける日本年」が開催され、ロシア全土で行われた様々な日本文化のイベントを通じて、日本への注目度が高まった。ＪＦＦも開催都市を拡大し、モスクワ日本文化センター及び共催者の努力が実り、動員数は飛躍的に伸びた。

一方、インドは、中国と同様に映画人口が約二十億人（二〇一七年映画館入場者数、出典データUNESCO）と潜在市場が非常に大きいが、二〇一八年まで日本映画の劇場公開は一切なく、インド人の日本に対する認知度の低さに驚いた。二〇一七年、初のＪＦＦで動員数はたったの三千人だったが、三年目の二〇一九年には開催場所がそれまでの二都市から七都市へと急激に拡大した。その分、ニューデリー日本文化センターの苦労は並大抵ではなかったが、その結果、動員数は一気に十二倍の約三万六千人となった。また、ゲストに新海誠監督を迎えた「天気の子」の上映では、一度に約千人が鑑賞し、予想以上の人気となった。JF、日本の配給会社、そして現地の配給会社との連携が功を奏し、「天気の子」はインド全土の三十の映画館で商業公開されることが決まった。このインドの事例が実証しているように、官民が一体となれば、日本映画はアジア文化圏により深く浸透するよう働きかけることができるのである。中国同様、インドでの事業実施は文化の違いもあって非常に難しく、想定外の問題が多々起こる。その際、最も重要なことは現場の対応力である。JFの現場力、それは全世界二十四カ国二十五カ所にある海外拠点であり、各国の現地のネットワークは様々な事業を展開する上で大きな軸となり、強みであることは言うまでもない。

四　JFF Plusの挑戦――リアルとデジタルの融合

二〇一九年、JFFネットワークはASEAN十カ国（インドネシア、カンボジア、シンガポール、タイ、フィリピン、ブルネイ、ベトナム、マレーシア、ミャンマー、ラオス）、豪州、中国、インド、ロシアと、四年間で計十四カ国にまで広がっていた。日本映画祭の総動員数約十八万人とオンライン上のアクセス累計数（フェイスブックのフォロワー数とウェブサイトのアクセス数の合計）を合わせると約百五十万人のプラットフォームに成長し、当初の目標の百万人は達成した。しかし、このままリアルイベントを拡大し、映画祭の動員数を増やし続けることは、予算規模とマンパワーを考えると限界があると感じ始めていた。通常、映画祭は年一度のイベントで、しかも大都市に集中している。リアルイベントだけでは、日本映画祭に対する一時的な関心は高まっても、日本映画の認知度を継続的に上げることや観客の興味を持続させることにはつながらない。海外で日本映画の市場を活性化するには、年一度の日本映画祭だけでは不十分で、映画館、ネット配信、TV放映のすべての媒体を使い、日本のコンテンツがいつも身の回りにある状況を創り出す、つまり見る人が「いつでもどこでも日本映画」を見ることができる環境を構築することが不可欠である。

韓国は、一九九〇年代頃から官民が一体となり、コンテンツの世界展開に向けて動き出し、現在アジア諸国を中心に市場を席捲している。一方、日本も対策が急務であるが、かなり立ち遅れていると言わざるをえない。危機感を感じた私は、何としてでもオンライン配信を含めた視聴環境の整備が重要だと考え、まずは、パイロット版としてインディーズ映画十二作品を世界（日本を除く）へ向けて、JFFウェブマガジン上で配信した。

そんな折、新型コロナウイルス感染症が猛威を振るい、世界の人々の生活が一変した。世界各国の経済は大打撃を受け、映画業界にも深刻な影響を及ぼした。今後、世界のあらゆる事業形態は根底から見直されるであろう。この危機により、人と人とのつながり方や文化芸術に対する考え方も変わると同時に、様々な分野において、オンラインの効果的な活用が予想される。

このような状況下、既存の事業体制では、いずれその発信力は脆弱化すると考えられるため、事業全体を早急に再考することが今、求められている。あらゆる分野で「デジタルへの転換」が勢いを増す一方で、人と人とのつながりをミッションとするJFでは、リアルイベントは欠かせない。両者を共存させるには「デジタルとリアルの融合」が必要となる。

二〇二〇年十月、「JFF Plus」を新たに開始した。それまでも、ＪＦＦネットワークの中のウェブマガジンで、日本映画の記事やニュース、そして各国のＪＦＦ情報をオンライン上で掲載し、二〇一七年十月の開始からの累計ユニークユーザー数は百五十万以上に上っていた。しかし、主としてＪＦＦの宣伝媒体であるウェブマガジンだけでは効果は薄く、利用者の利便性も低かった。

そこでJFF Plusでは、単なるオンライン上の宣伝媒体であったウェブマガジンに、利用者が喜ぶような新たな機能を追加し、ファンをバーチャル体験からリアル体験へと誘導する事業体型に変えていくことを目指す。つまり、ファンがオンライン上で映画やゲストトークなどを視聴したり、その関連記事を読んだりすることで、世界中のより幅広いファン層へ日本映画の魅力を拡散できるという考え方である。そして、他の映画ファンや映画作家と実際に交流したいと思えば、リアルイベントとなるＪＦＦに足を運んでもらう。ファンはＪＦＦとの絆がより深まり、JFF Plusや様々な関連イベントへと帰ってくる。このＪＦＦ（リアル）とJFF Plus（デジタル）の融合こそがファン、映画業界、スポンサーや協力機関が一体となるエコシステムを生み出し、海外における日本映画市場の活性化につながるのである。

五　おわりに

ＪＦの理念は「「文化」と「言語」と「対話」を通じて日本と世界をつなぐ場をつくる」ことであり、その基本には人と人のつながりがある。この理念のもとに「日本の友人をふやす」というミッションがあり、数値目標も定められている。ＪＦは、政府関係機関であるため、非営利事業を通してこのミッションを達成しようとするが、成果を出すためには、企画力、マネジメント力、マーケティング力などのビジネスセンスも求められる。官には官の役割、民には民の役割があるとよく言われるが、利益を追求するか否かにかかわらず、両者とも日本文化を広めて、共感を得ることに変わりはなく、ミッションの担い手になるのはいつも「現場」なのである。

私は、これまで時にプロデューサーとして、時に現場の一員としてＪＦＦ事業の土台づくりを目指してきた。今後、ＪＦＦを担っていく人たちには、常にチーム力を大切にし、現場の持つ力を信じて、この土台の上にさらに大きな映画祭を築き上げていってほしい。これからも「日本映画で、世界と日本をつなぐ」というビジョンに沿って、世界中の人へより多くの日本映画を届けることにより、日本ファンが増えていくことを願ってやまない。

世界を席捲する JFF。中央は新海誠監督（許斐雅文撮影）

「日本語パートナーズ」ってなあに？──事業はこうして生まれる

高橋裕一

新たな〈日本語〉ニーズ

「日本語パートナーズ」は、日本国籍を有する、二十歳から六十九歳までの健康な方であれば、日本語教育、海外経験を問わず、どなたでも応募が可能なプロジェクトである。派遣先は東南アジア十ヵ国（インドネシア、タイ、マレーシア、ベトナム、フィリピン、ミャンマー、シンガポール、カンボジア、ラオス及びブルネイ）、派遣期間は六カ月から十二カ月、主として現地の中等教育機関（高校）へ二〇一四年度から二〇二〇年度までの七年間で、三千人以上の派遣を目指すもので、以下の三つの活動が柱となる。

・現地日本語教師のアシスタントとして、日本語の授業をサポート
・派遣先の学校の生徒・地域の人たちへの日本文化紹介を通じた交流活動
・派遣者自身も現地の言葉や文化について学びを深め、日本国内に向け情報発信

日本語パートナーズはあくまでも現地の日本語教師のアシスタントであり、教員免許や日本語教育の特別

東南アジアの日本語学習者数（教育段階別。日本語パートナーズ開始前まで）

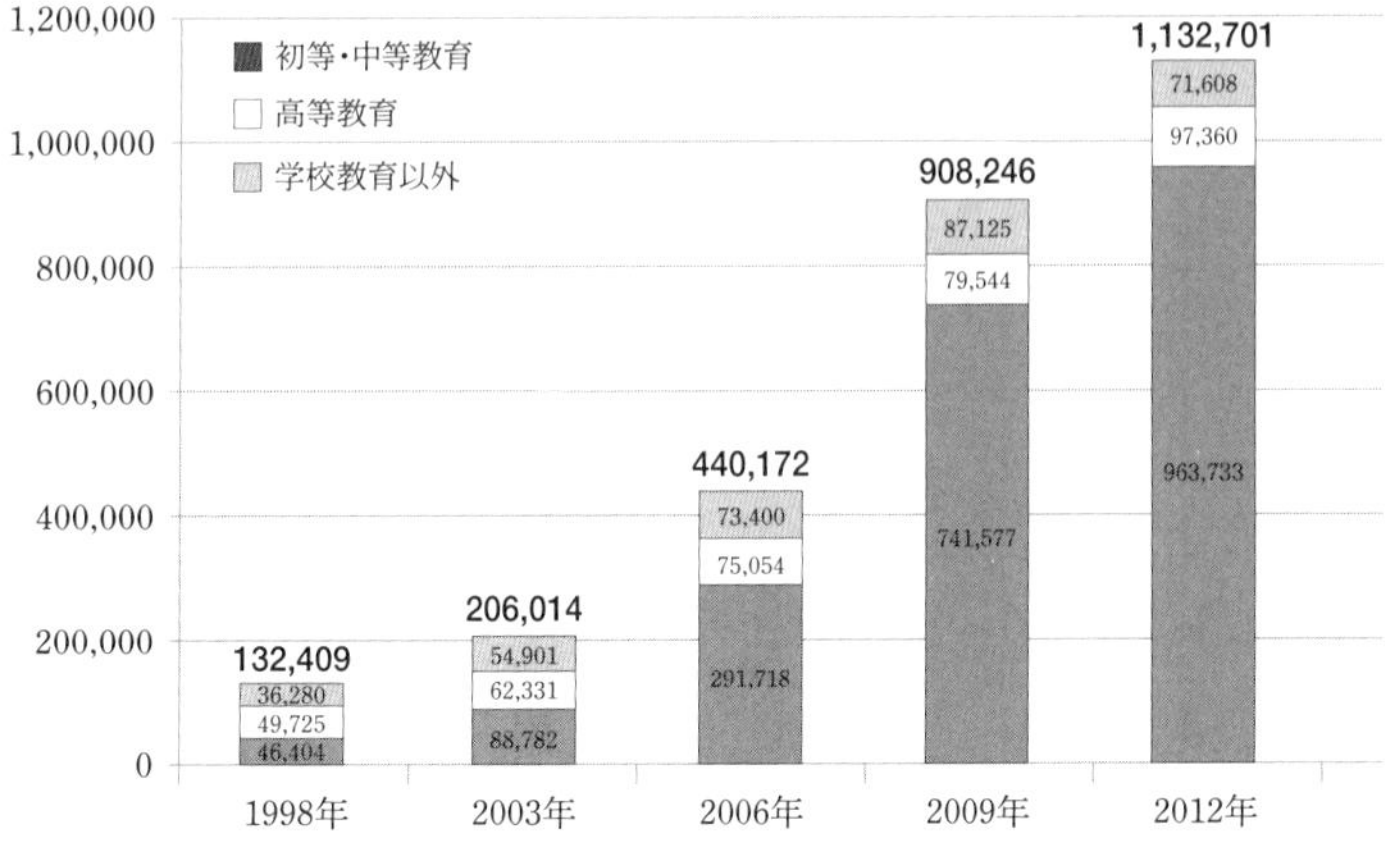

出典：国際交流基金日本語教育機関調査

な資格は求められない。例えるならば、日本の中学校や高校の英語の授業などで会話や発音練習のサポートを行っているALTやAETのような存在で、日本人が派遣されるという意味では「逆JET」とも言える（JETプログラムとは、日本の地方自治体による、語学指導等を行う外国青年の招致事業（The Japan Exchange and Teaching Programme））。

日本語パートナーズは、選考を通過し内定した後、約一カ月間の「派遣前研修」を修了することが派遣の条件となっている。この派遣前研修では、派遣先の言語を学習するほか、生活事情、宗教、日本との関係などの基本的な知識を学ぶ。また、現地日本語教師にどのようなサポートをすれば効果的で楽しい授業ができるかといった、日本語学習支援を行う上で必要となる知識やアイデアを実習も交えて身につけていただく。

なかには、日本語教師経験がある日本語パートナーズもいるが、自分が主体的に授業を行うのではなく、

インドネシアの日本語学習者と教師数の推移（日本語パートナーズ開始前まで）

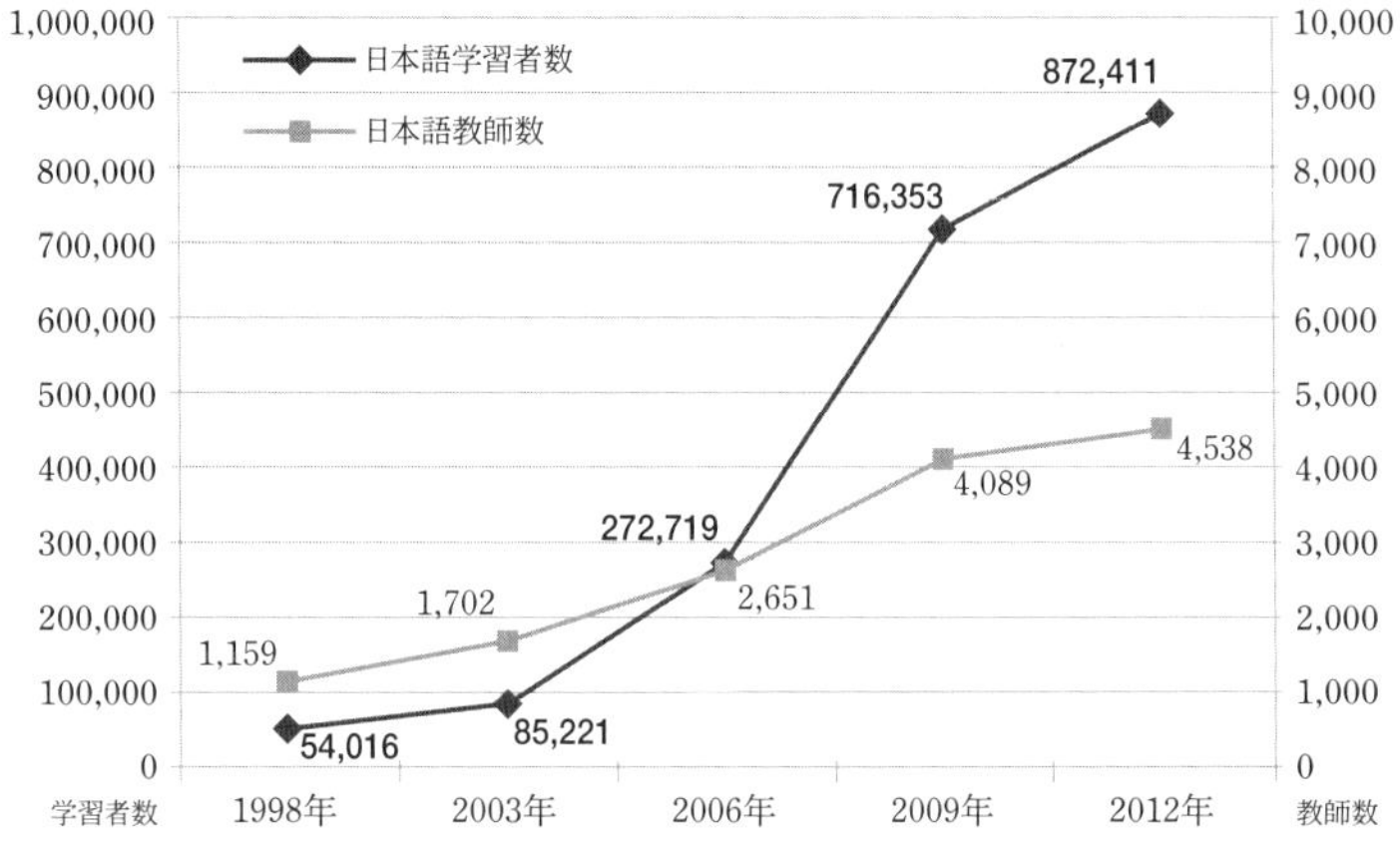

出典：国際交流基金日本語教育機関調査

現地日本語教師が行う授業をサポートする立場であることを認識し、効果的なサポートの方法（チーム・ティーチングの方法等）を学ぶ。また、日本語教育の知識や経験がない場合は、現地の日本語教育事情に沿ってどのような日本語学習支援を行うことができるかを考えながら学ぶことになっている。

ＪＦは長年、日本語教育の中核となる現地教師の育成に協力するために、「日本語専門家」を各国の教育省や主要大学に派遣してきた。つまりこれらの派遣は、将来各国の日本語教育の指導者となる教師を育成するために、教師養成機関に「教師を育てる教師」を派遣するものであり、中等教育の現場で直接生徒を教えることを想定したものではなかった。

他方、二〇〇〇年代に入り、東南アジアにおける日本語学習者の急増に伴い、特に中等教育においては、教師不足、教材不足による学習意欲の低下が大きな課題の一つになっていた。「日本人ネイティブに学校に来て欲しい」という現地の要請に応えられない状況が

東南アジアにおける日本語教育上の問題点

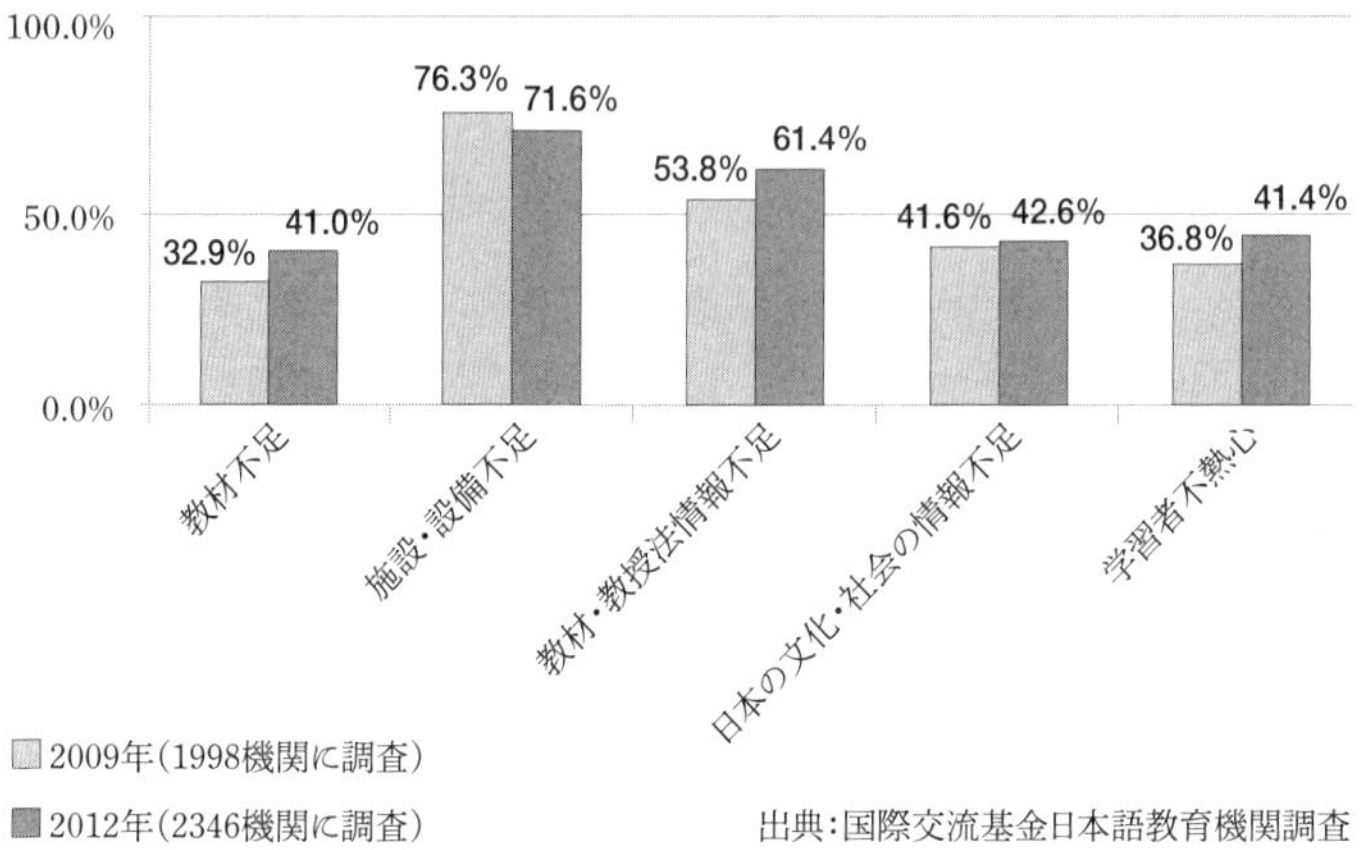

出典：国際交流基金日本語教育機関調査

続いていた。

しかし、二〇一三年度に新たに七年間で三千人規模の日本語教育支援者を派遣するための予算が認められたことにより、従来にない派遣規模で、かつ一定の日本語教育の専門知識を有した「専門家」ではない、ボランティア派遣にJF発足以来、初めて着手することになった。

ゼロから一人の船出

二〇一三年十二月二日、アジア交流特別事業準備ユニット（以下、ユニット。二〇一四年四月一日以降、アジアセンター日本語事業チームに改組）に異動した。私に与えられた仕事は、「日本語パートナーズ派遣事業」の立ち上げ、すなわち派遣の制度をゼロから創り上げるものである。七年間で三千人以上の日本人を東南アジアの日本語教育の現場に派遣するという目標は、これまでの常識を超える空前の規模だ。本当に実現可能なのか。

私は、インドネシアのジャカルタへ赴任する機会が二回（一九九六年～二〇〇一年、二〇〇七年～二〇一三年）あり、計十一年間インドネシアの日本語教育支援業務に携わってきた。このユニットへの異動は、これまでの経験と知識を活かせることから、「やってみよう！」という強い思いがあった。異動後に分かったことだが、担当者は私一人だけで、全く一人の船出であった。

ここで筆者の自己紹介を少しだけさせていただく。

将来目指していた職業はプロ野球選手。そのために大学に入学後、硬式野球部の合宿所に入り四年間頑張ったがずっと補欠だった。卒業後、東京都の社会人野球チームを有する会社に硬式野球部員としてお世話になった。しかし、ドラフト候補生にはなれず退社し一九九〇年十月、プロ野球入団テストを複数受験した。二つの球団から内定を得たものの入団には至らなかった。

しばらく道路工事のアルバイトで生活をつないでいたところ、日本経済新聞の求人欄を見た。たまたま「国際交流基金・中途採用」の文字が目に留まった。「国際交流基金」という組織は全く知らなかったが、幸いにして採用された。

このような人物が、日本語パートナーズ事業の立ち上げに関わることになったのである。

なぜ東南アジアへの派遣なのか。東南アジアの日本語教育の現場では、日本語を学習している生徒が多い反面、日本人と接する機会が非常に少ないという事情があった。私が赴任していたインドネシアは、日本語学習者数が世界第二位、そのほとんどが高校生である。私は、インドネシア在勤中、日本語を授業に取り入れている高校を訪問することが多くあった。そのほとんどの高校生が三年間、日本語を一生懸命勉強してくれているにもかかわらず、日本人と一度も会う機会がない、日本人を一度も見たことがないという声が大半であった。それを裏付けるように、私が地方の高校を訪問した際には、初めて本物の日本人を見たということで大歓迎されることが多かった。あのキラキラした高校生の眼差しは、今でも鮮明に覚えている。

また、インドネシア人の日本語教師から「ネイティブスピーカー（＝日本人日本語教師）」を派遣して欲しいという声が非常に多かったが、ＪＦの予算規模の都合上、派遣できる人数は限られていた。今回のこの新しい事業を軌道に乗せることができれば、現地の日本語教育の現場は、きっと活気付くに違いないという思いは強かった。

日本語パートナーズの生活環境

そもそも日本語パートナーズは、どのような生活環境で、どのような活動をするのか。日本語パートナーズの大きな特徴の一つは、現地の人々と同じ環境で生活をしながら活動をすることである。その目的は、現地の人々、すなわち現地の教師、生徒、地域の方々と目線を合わせることにより絆を深め、また、日本語パートナーズ自身も現地の文化・理解を深めることにある。

現地の生活の水準とは何か。例えば、インドネシアであれば風呂はお湯を使わず水で身体を流す。タイであれば外食文化が発達しているので部屋にはキッチンがないことが多い。

このような環境の中での生活は苦労もあると思われるが、現地の生活に溶け込むことにより、また共通の話題が増えることにより、現地語での会話も増えて、現地語の上達にもつながるのである。

チームをつくる

ユニットでの仕事が始まり、初めの二カ月間、担当者は私一人であった。二月になり二名増、三月に一名増、その後業務量が急激に増えていったことから、断続的に職員を増やしていった。有り難かったのは、直属の部長から配置する職員などについては最大限希望に沿うようにすると言っていただけたことだ。

一つの目標に向かって仕事をする上でチームワークは必須である。私は、迷うことなく、学生時代に理不尽に立ち向かったことがあったり、社会人で挫折を経験したり、かつそれを乗り越えてきた人材を集めた。困難に立ち向かう気持ちを持つことの大切さは、サッカーで有名な本田圭佑選手が、日経新聞のコラムにこのようなコメントをされていた。「高校時代、理不尽とも思われる練習を課されたが、振り返ってみると、理不尽に立ち向かう強い精神力を養うための必要な練習であった」。

私の持論になるが、採用面接では、必ず中学、高校、大学において、どのような学生生活を送っていたかを知るために、部活動を質問するようにしている。学生時代の話を聞くことによって、その人のひととなりが何となく分かってくるからである。採用させていただいた仲間（嘱託・派遣社員）は、全員、一切手を抜くことなく本当によく頑張ってくれた。

ユニットに着任して二年二カ月後、他部署へ異動し、後任に託すことになったが、振り返ってみると、この間、苦楽を共にした仲間は私の人生の宝になった。

制度を設計する

ユニットに異動し、約三カ月間で、派遣事業の定義、派遣の枠組み、応募資格（年齢の範囲、資格の有無、英語能力の有無など）、派遣期間、現地での待遇（滞在費、住居費など）、旅券の種類（公用旅券か一般旅券か）、海外旅行保険の補償額及び加入方法、採用試験の実施方法、ＪＦの海外拠点への受け入れ打診、応募者を募るための広報活動まで、突貫作業で創り上げた。

この間、様々な検討が行われた。

そもそも日本語パートナーズという名称は最初から決まっていた訳ではない。私がユニットで業務を開始したときの名称は、「日本語・日本文化のSENSEI（せんせい）派遣」であった。検討を重ねていく中で、SENSEI（せんせい）とは、日本の「先生」をイメージさせること、加えて上から目線ではないかなどの意見があり、二〇一四年一月前半に「日本語パートナーズ」という名称に落ち着いた。

このような作業を二〇一三年十二月から二〇一四年一月中旬にかけて行い、二〇一四年一月二十四日、日本語パートナーズの派遣概要の第一報を海外拠点に伝えることができた。

JICAからのサポート

国際協力機構（JICA）の青年海外協力隊事務局、国際協力人材部健康管理課には大変お世話になった。日本語パートナーズ事業は、JICAの青年海外協力隊に類似するプログラムであり、協力隊の制度設計も参考にしたいことから同事務局に面談を申し込んだ。

JFの日本語パートナーズは、良くない言い方をすれば、JICAとJFとの間で、人材の奪い合いになることから、JICAにとってJFの日本語パートナーズは有り難くない事業ではないかという思いがあり、面談前は不安な気持ちでいっぱいだった。

しかし、その心配は杞憂に終わった。JICA青年海外協力隊事務局は、様々な情報や苦労している点を惜しみなく教えてくれた。加えて、日本語パートナーズの派遣者数が増えるにつれて、怪我や病気になる人が増えてきたこともあり、ＪＩＣＡの在外健康管理員制度を見習って、類似の制度（ＪＦは健康相談員）を検討するために、ＪＩＣＡの担当部署に出向いた。在外健康管理員とは、海外に派遣されている関係者の方々が、心身共に健康で生活し、業務を遂行できるよう側面的に支援する役割を担った人材である。

看護師の資格を有する人材を確保することは、ＪＩＣＡの組織力を持ってしても苦労しているとのことだった。しかし、ＪＩＣＡ健康管理課の課長から在外健康管理員の制度についても懇切丁寧にご指導をいただくことができた。

また、在外健康管理員は、赴任前に二週間程度、派遣前研修を受けている。ＪＩＣＡの担当課長から、きっとＪＦも派遣前の研修が必要になるだろうとのことで、国立研究開発法人国立国際医療研究センターを紹介いただけた。しかも、連絡先を教えていただくだけでなく、わざわざ同センターまで筆者を連れて行って、直接、同センターの担当者まで紹介いただけた。そのおかげもあって、健康相談員の派遣前研修の制度設計をトントン拍子に進めることができた。

外部へ説明する

さて、いよいよ制度が固まり募集要項を公開、その後、外部向け説明会に進むわけだが、日本語パートナーズ派遣事業の開始を公開しても、応募者がゼロであれば絵に描いた餅である。たくさんの方に応募いただくためにどうすればいいのか、そして採用された方から、ＪＦの派遣でよかった！　という言葉をいただくにはどうしたらいいのか。成功の鍵は我々担当者全員の姿勢である。

外部向けの説明会で一番気をつけたことは、事業の素晴らしさだけを説明するのではなく、きちんとリスクも伝えることである。伝え方を誤ると後が大変になる。「海外に行っても安心して働ける環境をすべてJFが準備してくれる」と誤解してしまう方がいるからである。

もちろん、そのようにできることが理想であり、可能な限り理想に近づけるように努めるのだが、海外でいい仕事ができるかどうかは、派遣された日本語パートナーズ本人次第の要素も多い。「自分の身は自分で守る」ことも大切な要素の一つであることはきちんと伝えたい。

第一回目の説明会は、内容的にはなんの派遣実績もないことから、こうなるだろうという想定での説明になった。百名程度の参加者が集まってくれた。私自身、すべてがしどろもどろだった。落第点。上長からは「覚悟が決まっていない」と叱られる始末だった。

あまりの緊張で質疑応答の内容はほとんど記憶にないが、説明会終了時、来場者から大きな拍手をいただいたことは、今でもはっきり覚えている。勝手な想像ではあるが、「説明会はイマイチだが、どうやらJFの担当者は一生懸命やっているみたいだ！」と思っていただけたのかもしれない。説明会終了時、いろいろな方々から頑張れというお言葉や、制度についての助言をいただけたことは本当に有り難かったし、勇気をいただいた。

第一回目の説明会は、二〇一四年三月二十九日、東京と京都で実施した。ユニットに異動したのが二〇一三年十二月二日であるから、四カ月でようやく一つの形ができ上がった。

パートナーズを選考する

公募した第一回の募集（インドネシア・タイ・フィリピン）には、有り難いことに多くの応募があった。人材確保の選考は、事業の成功の鍵を握る重要なプロセスである。現地の環境に順応し、多少の困難は一人で乗り越え、気持ちの準備ができている方、かついい活動をしていただける方をいかに見つけるか。それにかかっている。応募用紙を一枚一枚丁寧に精査し、面接試験に進む方の選定には多くの時間を費やした。

また、面接試験はグループ形式で行った。面接で私が最も重視したのは、身だしなみと姿勢に加えて、気持ちの準備ができているか否かという点である。応募してきているのに、JF事業のことをほとんど知らない人、派遣希望国について質問をしてもほとんど答えられない人など、明らかに準備を怠っている人は不合格にした。

気持ち一つでできる「準備」を怠るようでは、いい仕事をすることは難しいというのが私の持論である。説明会に出席し、希望する派遣国の状況を勉強し、それなりの覚悟を持って面接に臨んでいる方と準備を怠っている方との印象の差は大きい。

また、海外での生活は日本と異なる部分が多々ある。生活面で壁に当たってはいい活動をすることは難しい。日本語パートナーズは、現場密着型での活動、すなわち、授業の中に入り、生徒と教師と一緒になって活動をしていただくことを目的としていることから、人として仲良くなるために、生活水準もあわせていくことが求められる。

そして事業へ

突貫作業で派遣制度を固めて募集要項を作成し、外部向け説明会までたどりついたが、間髪いれずに八月実施の派遣前研修の制度設計に取り掛かった。年齢制限と簡単な英会話ができることを除き、健康な方であれば誰でも応募可能で、海外経験と教師経験は問わない。このような条件の方々に現地でいい活動をしていただくためには、派遣前の研修は重要な位置付けになる。

初回の派遣前研修の対象者は、インドネシア、タイ、フィリピンへの派遣者総勢五十九名である。一カ月間の合宿形式だった。採用された方々の姿勢とやる気が試される場でもある。

ところが、研修初日のオリエンテーション時に、私の目の前で居眠りをしている若者がいた。オリエンテーションで退屈な場面もあったかもしれないが、私はその人を直ぐに呼び出し、問いかけた。

「体調が悪いのですか?」、「いえ、大丈夫です」、「大丈夫ならなぜ眠っていたのですか?」、「……」、「そんな態度では、「最近の若者はだらしない」と言われてしまいますよ」、「……」、「私は、そんなことを言われたら悔しいし、君だって悔しいでしょう」、「はい」、「じゃあ、頑張れ」。その後、彼の姿勢が変わり、現地に行ってもいい活動をして帰ってきた。

語学研修中、失礼な態度をとって語学の先生からクレームが届いたりしたこともあった。この若者は、授業中に胡坐をかいて椅子に座っていた。あまりの失礼な態度に、即座に面談をした。「椅子に座って胡坐をかいていたのは本当ですか?」、「本当です」、「なぜ、そのような態度を取ったのですか?」、「癖になっていました」、「大学でも胡坐をかいて授業を受けていたのですか?」、「はい。注意されたことがありませんでした」、「胡坐をかくことは失礼な態度にあたります。癖を直せますか?」、「はい、以後気をつけます」。この若者も途中帰国することなく頑張ってくれた。

東南アジア各国の現地で、日本と日本文化への関心が高いことを受け、日本語パートナーズたちは本当によく頑張ってくれている。自身の特技や趣味などを最大限活用し、積極的に日本文化の紹介をしてくれている。季節の行事や出身地、観光地など日本の地理に関する紹介のほか、茶道、書道、ちぎり絵、寿司づくり、浴衣の着付け、よさこいなど体験型の文化紹介も行っている。

日本語の裾野を拡げる――インドネシアにおける経験

棒澤周一

一　インドネシアにおける日本語パートナーズ派遣事業

二〇一四年九月二十七日、インドネシアに初めて派遣された「日本語パートナーズ」、インドネシア一期二十五名がジャカルタのスカルノ・ハッタ国際空港に到着した。日本語パートナーズは、東南アジアを中心とするアジアの中学校や高校などに一年弱派遣され、現地の日本語教師や生徒のパートナーとして日本語授業をサポートし、日本文化紹介を通じた交流活動を行うとともに、彼ら自身が現地の文化や言語を習得し発信することが期待されている。

インドネシアでは、二〇〇六年の中等教育カリキュラム改定で日本語が第二外国語に導入されたことを契機として、高校を中心とした初等・中等教育段階の日本語学習者数が、二〇〇三～二〇一二年の九年間で十三倍以上に急増したが、同時に、「教材・教授法情報不足」や「学習不熱心」などの課題が挙げられていた。「今の日本をどう伝えるか」、「学習した日本語を使う喜びや楽しさを生徒が実感し、学習意欲を向上させるにはどうしたらよいか」、「生徒の関心を引き出し、魅力的な授業をするために何ができるか」といった課題への対応策のひとつとして、日本語を母語とする日本人が一定期間現地に滞在し、日々の授業に入り、現地の教師や生徒と時間を過ごし一緒に活動する「パートナー」として、インドネシアの高校に派遣されることになったのである。

二　事業実施における課題

二〇一三年十二月に東京で開かれた日・ASEAN特別首脳会議において、日本政府が、日本語パートナーズ派遣事業を含む、新しいアジア文化交流政策「文化のWA（和・環・輪）プロジェクト～知り合うアジア～」を発表して以降、二〇一四年九月に初めてインドネシアに日本語パートナーズが派遣されるまでの道は決して平坦ではなく、事業開始後も様々な課題を乗り越えながら現在に至っている。

日本語のネイティブスピーカーによる高校での日本語教育サポートや双方向の文化交流の促進という「総論」への賛同は得られたものの、以下のような「各論」についてはインドネシア関係機関との調整、事前調査、派遣後のフォロー等が難航した。

（一）事業実施に係る協定書や実施細則の締結、インドネシアの査証や滞在許可の取得
（二）日本語パートナーズを派遣する地域及び学校の選定基準
（三）日本語パートナーズの役割の周知と理解の獲得（現地の日本語教師との関係、日本語専門家との違い、待遇）
（四）日本語パートナーズの住居及び移動手段の確保、健康管理、安全管理

（五）派遣先で日本語パートナーズが有効に「活用」される仕組みづくり

（一）について、日本の文部科学省に当たる教育文化省が、この事業のインドネシア側のカウンターパート政府機関として協定書の締結主体となったが、日本語パートナーズがインドネシアに入国し活動するために必要な査証と滞在許可の発給に関しては、大統領直轄の組織である国家官房府（日本の内閣府に相当）が最終的に決定することとなった。教育文化省内では、①国際関係を担当する国際協力局がとりまとめ役を担う一方、②高校を管理する中等教育総局（のちの行政改革で初等教育総局と統合され、初等中等教育総局となった）が実質的な中身を所管し、同総局長が最初の協定書の署名者となり、のちに、③日本語パートナーズとティームティーチングするインドネシア人教師の管理を担当する教員総局も協定書の締結主体に加わり、三部局にまたがる案件となった。

なお、事業開始時に協定書に署名した中等教育総局長は、二〇二〇年春の叙勲で旭日中綬章を受章したスラバヤ工科大学教授のアハマド・ヤジディ氏だった。自身も広島大学への留学経験のある同氏は、事業立ち上げに際しての協定書締結の課題や関係省庁間の調整といった大所高所のみならず、個別の派遣先や日本語パートナーズのトラブルにも深い共感と誠意をもって毎回親身に相談に乗ってくださったことは印象深く、日本留学経験のある人が相手側政府機関の要職に就いていることの有り難さを実感した。

日本語パートナーズがインドネシアに入国し活動するための査証や滞在許可の発給の是非を検討する、教育文化省主催の省庁横断の政府内会議には、教育文化省の関係部署及び国家官房府のほか、外務省、労働省、入国管理局、国家情報庁、国家警察の各担当者が出席し慎重に審査された。この事業は、所要経費はすべて日本側が負担し、日本語パートナーズもボランティア的な立場で現地教師のアシスタント役を務めるものではあるものの、外国人である日本人がインドネシア各地に多数派遣され、多感な年頃の生徒がいる高校という公教育の現場に長期間入って活動するという前例のないものだったこともあり、事業開始当初の手続きは難航した。

労働省からは、過去の他国の事業を引き合いに出して、「日本語パートナーズは外国人労働者ではないのか」「ボランティア活動を名目に入国した後に営利活動をすることはないか」「日本語パートナーズが来ることでインドネシアの失業率に悪影響を与えないか」などの懸念が示され、その都度、日本語パートナーズは日本政府が日本の代表として派遣するボランティアのような存在であり、公用旅券を所持し、営利活動及び目的外活動は厳しく禁止されていることを説明し、少しずつ理解を得ながら手続きを進めていった。

実際、二〇一四年九月の初回の派遣から三年目に当たる二〇一六年度の派遣までは、査証・滞在許可の取得が間に合わず、たびたび派遣を遅らせなければならない事態が生じていた。手続きの遅れによる派遣延期が危ぶまれた際は、何とか手続きを早く進めてもらおうと、日本の記者の朝駆けではないが、国家官房府や教育文化省など関係機関の幹部の出勤時にあわせて筆者も連日先方のオフィスで出勤を待ち、運よく出会えた際は数分、時には立ち話をして査証・滞在許可の早急な発給を依頼したりした。

三年目以降、百五十名規模となったインドネシアの日本語パートナーズは、毎年度二つの期、計四つのグループに分けて派遣されているが、四年目に初めて全員の日本語パートナーズが予定日に派遣できることになった時の感慨は一入だった。

（二）の「日本語パートナーズを派遣する地域及び学校の選定基準」については、日本語教育が実施されているインドネシアの高校の状況の把握が最初のハードルだった。どの地域の、どの学校に、何人の日本語教師がいて、教授経験や日本語のレベルはどの程度か、生徒は何人いて、週何コマ日本語を学習しているか、今後も日本語の授業が継続される見通しか、日本語クラブのような課外活動はあるか、日本語パートナーズ以外に日本人の協力者が既にいるか、校長や日本語教師は日本語パートナーズの受け入れを希望しているかなどについて、私たちジャカルタ日本文化センターのスタッフが各学校を訪れ、聞き取り調査を行った。その際、JFが三年に一度実施している日本語教育機関調査の結果を活用するとともに、各州や各県・各市の教育局、そして各地の高校日本語教師会からの推薦や協力を得た。

日本語パートナーズの受け入れを希望する各学校からの陳情を受けた教育文化省のハミッド初等中等教育局長からの提案により、五年目となる二〇一八年度派遣分からは日本語パートナーズの派遣先校選定に公募制を導入し、対象地域と応募の諸条件を定めた上で、各地の教育局及び教育文化省経由で、日本語パートナーズの受け入れを希望する学校からの応募を受け付けた。初年度は百五十名の日本語パートナーズの派遣先となる約二百の定数に対して、四百校以上から応募があった。

(三) の「日本語パートナーズの役割の周知と理解の獲得」については、当初、日本人が自校に来てくれることへのポジティブな思いと同時に、戸惑いや不安もあったように感じた。まず、現地の関係者には、日本語のネイティブスピーカーである日本人が日本語教育の現場に来るのだから、当然日本語パートナーズは日本語教育の経験があって、一人で教壇に立てるものとの思いがあった。インドネシアの高校の外国語授業では、日本のALTやAETのような存在はまだ一般的ではなく、ネイティブスピーカーとのティームティーチングは未経験の日本語教師がほとんどだった。そのため、日本語パートナーズに授業を丸投げして現地教師が教室からいなくなってしまったり、事前準備が必要な日本文化紹介を授業中に急にお願いされたり、新出単語の読み上げ以外は出番がない日本語パートナーズがいたりした。

また、派遣先校の日本語教師の教師としてのプライドや授業スタイルも影響した。高校の日本語教師の中には、日本語の運用能力そのものはそれほど高くないものの、教師経験は豊富な人も少なくなく、「日本語パートナーズが来たら自分の日本語力の低さが露呈してしまうのではないか」「授業中に自分の間違いを指摘されるのではないか」といった懸念や、「日本語パートナーズによる文化紹介に時間が取られて、教科書の進度が遅れるのではないか」、「自分は非常勤で日本語授業の時間だけ学校に来ているが、日本語パートナーズが来ると、事前準備や事後対応などで時間が取られてしまう」といった声も聞かれた。

(四)の「日本語パートナーズの住居」について、日本語パートナーズは自分で住居を選ぶことはできず、JF側が住居を選定し、現物提供を行っている。日本語パートナーズの住居は所定の上限の範囲内で、極力派遣先校へのアクセスが良く、安全が確保でき、生活に便利な物件を優先するが、当然、地域や派遣先校によって差が生じる。場合によっては、派遣先校の近くには外国人が居住するようなアパートやホテルがなくホームステイや学校の寮となることがあったり、乗り合いバスなどの公共交通機関を何度か乗り継いで住居から一時間以上かけて派遣校に向かうケースもあった。

日本語パートナーズの住居選定はこの事業の難所のひとつで、同じ環境でも、ある日本語パートナーズにとっては快適だが、別の日本語パートナーズにとっては耐え難い住居となることや、隣人や周囲の状況など住居の賃貸借契約時には予想していなかった状況の変化によって問題が生じた場合もあった。日本語パートナーズの住居は、周囲の音、匂い、近隣住民、虫、暑さ、家具のそろい具合、携帯の電波の調子、買い物ができるスーパーマーケットへのアクセスなど環境が様々なため、日本での日本語パートナーズの募集説明会やウェブサイトのFAQさらには面接選考、派遣前研修、着任時のオリエンテーションなどで、日本とは生活の環境や水準が大きく異なることへの理解を促している。それでも言うは易く行うは難しで、面接選考の際には「バックパックの旅行経験もあり、どんな環境でもやっていけます！」と力強く語っていた日本語パートナーズが、派遣後に「実は虫が苦手で……」、「ネットが不安定なのはやっぱり不便」といった声を上げることもあった。

また、災害や事件・事故への対応もこの事業の要である。筆者が在勤している期間だけでも、民間人四人が犠牲となった二〇一六年一月のジャカルタ中心部における爆弾テロ事件、二〇一六年十一月と十二月のジャカルタ州知事選挙に絡む大規模デモ、二〇一七年五月の東ジャカルタのバスターミナルにおける自爆テロ事件、二〇一八年五月の東ジャワ州スラバヤ市内のキリスト教会及び警察署における自爆テロ事件、空港閉鎖にもなった二〇一八年六月のバリ島アグン山の大規模噴火、二〇一八年八月のバリ島及び隣接するロンボク島での巨大地震、二〇一八年十月のライオンエア機の墜落事故、毎年頻発する豪雨による洪水など、様々な事件・事故があり、日本語パートナーズが巻き込まれることはなかったが、日本とは生活環境が大きく異なる外国にいるという危機管理への意識を常に高く持ち続ける必要があることを実感する日々であった。

（五）の日本語パートナーズ事業を効果的に実施するための工夫としては、上述のインドネシア各地の高校日本語教師会との連携が挙げられる。高校日本語教師会は、地域によって形態や活動内容が異なるが、各地域の高校などの日本語教師が集まる団体で、勉強会を行ったり、地域毎の日本文化祭を実施するなど、インドネシアの高校における日本語教育の中核的な存在である。日本語パートナーズの派遣に当たっては、学校の立地や日本語を学習する生徒数などの面で調整がつく限り、教師会の会長の学校には日本語パートナーズを派遣して教師会と事業の連携を促す体制を整え、日本語パートナーズに対しては、教師会の勉強会や文化祭、交流活動への積極的な協力をお願いしている。教師会の関係者からは、「日本語パートナーズが来て日本文化祭の内容が充実した」、「勉強会で日本語パートナーズと日本語を話すようになって日本語を話すことに自信が持てた」、「自分の学校の日本語パートナーズ以外の日本語パートナーズと交流することで、多面的な日本を知ることができた」など前向きな反応があった。

日本語パートナーズはあくまでも限られた期間、現地の日本語教育現場で居場所を提供してもらう立場であり、日本語教育の発展の主役は現地の日本語教師と生徒である。JFは日本語パートナーズを派遣する立場であるため、日本語パートナーズ側の動向やケアに意識が偏りがちだが、中長期的なインドネシアの高校における日本語教育の発展のためには、現地の日本語教師がこの事業を通じて日本語の教授力や運用能力、日本や日本文化への理解を高め、日本語パートナーズによる活動を将来に生かしていってもらえる仕組みこそが肝要である。

また、インドネシアの高校での日本語ネイティブスピーカーの存在は、この事業の前から実績があった。現地の方と結婚した人、ボランティア、ロングステイの人、駐在員やその配偶者、留学生、休暇を利用して活動する人など、高校での日本語教育に協力している人や団体が既にあり、そのような人や団体との連携協力は不可欠である。何よりも、後発である日本語パートナーズ事業の関係者としては、そうした諸先輩の尽力があってこそ今のインドネシアの日本語教育の状況があることを忘れてはならない。

私が知る限りでも、亜細亜大学国際関係学部教授やアル・アズハル大学文学部教授を歴任され、日本語パートナーズの到着後オリエンテーションでの講義もお引き受けいただいたこともある故・高殿良博先生がジャカルタのブディルフール大学と立ち上げられた日本人駐在員の配偶者による高校巡回プロジェクト、インドネシアの学校で日本語の学習支援活動を展開している「みらいプロジェクト」、日本語や韓国語などの外国語のネイティブスピーカーを中部ジャワ州の学校に仲介するデジャバト財団（Dejavato Foundation）の事業などがある。時限的な予算措置で実施されている日本語パートナーズ派遣事業では、こうした多様なアクターと情報を共有し、連携して事業を実施し、現地の日本語教師や関係者に歓迎される「持続可能な取り組み」につなげていくことが重要である。

なお、インドネシアでは、日本語パートナーズの派遣と並行して、カウンターパートと呼ばれる派遣先校の日本語教師を年間五十名、二週間程度日本に招へいし、研修の機会を提供するカウンターパート訪日研修を実施している。この研修では、カウンターパートが日本語パートナーズと効果的にティームティーチングを行うためのトレーニング、多様な日本を知るための地方訪問や日本文化体験などが行われるが、インドネシア人教師への研修機会の提供と教授能力の向上に関心の高い教育文化省や各地の教育局もこの訪日研修を高く評価している。

そして、諸外国における日本語教育、特に中等教育段階における日本語教育の発展のためには、政策決定に関わる行政組織の幹部や学校長らが、日本及び日本語教育に関心を持ち、日本語教育がその国や地域の中学生や高校生の教育にとって有意義であると認識してもらうことが重要である。インドネシアでは、そうした観点から、教育文化省、国家官房府、外務省、各地の教育局といった行政組織の幹部や担当官に加え、日本語教育を積極的に展開している地域の中核となっている学校の校長をアドボカシー招へい事業として、二〇一五〜二〇一九年の五年間に計五十名以上を日本に招き、文部科学省や日本の高校への訪問、日本語教育事業の視察、日本文化体験などの機会を提供した。

二〇一六年度のアドボカシー招へい事業に参加した西スマトラ州の教育局長は帰国後、地域の校長が集まる会合で日本語教育の意義を伝え、日本語教育の新規導入や拡大を働き掛けるとともに、高校日本語教師会の会合にも顔を出して日本語教師を励ましてくださった。その理由は、日本で高校などの教育現場を視察し、日本語教育がインドネシアの高校生の日本語力の向上だけでなく、日本の文化や価値観を知り、公共心や規律を守る意識を育むこと、伝統文化を大切にする心を養うことにつながると考えたためとのことだった。こうした教育行政の後押しは、日本語教師が積極的に研修などに参加しやすい環境づくりにもつながり、日本語教育の安定的な実施と発展の原動力となるものである。

三　日本語パートナーズ派遣事業の成果

インドネシアでの日本語パートナーズ派遣事業の全体を総括することは時期尚早だが、筆者が理解する範囲でこの事業がもたらした成果と事業に関わる中で見えてきた点をお話ししたい。

日本語パートナーズ派遣事業が始まった二〇一四年当時、事務所のあるジャカルタを含めて計五都市に十二名の「日本語専門家」がJFから派遣されていた。この十二名のうち、一名は事務所付の主任講師で、六名は日本語教育の中核機関と言える三つの大学に派遣され、二名は事務所が実施するJF日本語講座を担当し、三名が高校での日本語教育を支援する中等教育担当であった。日本語教育の経験と資格を有する日本語専門家は、その専門性を生かし、各派遣先機関や派遣先の地域で現地の日本語教師の指導や教師研修の実施、教材製作などを行っていた。

一方、日本語教育の経験や特別な資格が求められない日本語パートナーズは日本語専門家とは異なる立場で高校での日本語教育に関わることとなった。日本語パートナーズは最初の二〇一四年度は地域こそジャカルタ首都圏に限られたが、派遣人数は日本語専門家の四倍に当たる四十八名、二年目は計十一州に七十三名の派遣、そして、三年目以降は百五十人の派遣へと急拡大し、JFの日本語事業の中でもかつてない大規模なものとなった。大都市のみならず地方を含めた広範囲に派遣され、現地密着型で活動する日本語パートナーズの活動は、上述の通り、前例がないことによる課題も少なくなかったが、派遣校の日本語教師や生徒、日本語パートナーズ自身の変化や成長はもちろん、これまで日本人が派遣されることがなかった地域を含めた広範囲のネットワークによってもたらされた情報も貴重な成果と言える。

高校での日本語教育の担い手である現地日本語教師が置かれた環境は様々で、公務員として比較的立場が安定した教師もいれば、ある程度の日本語授業を受け持ちながら公務員ではない非常勤教師あるいは謝金教師と呼ばれる教師もおり、インドネシアでは後者の不安定な立場で日本語教育に関わる教師の割合が高かった。また、大学と比べて高校の日本語教師は、留学や研修で訪日した経験のある人はまだまだ少なく、日本語力や日本文化への理解に大きなばらつきが見られた。非常勤教師の中には、日本語の授業の時だけ学校に来て、授業が終わればそのまま帰る人も少なからずいて、そうした教師にとっては、日本語パートナーズが自分の学校に来ることは、日本語の授業や文化紹介活動が充実し、自身の日本語力のアップにもつながって有り難い反面、日々の授業や活動の前の日本語パートナーズとの打ち合わせや調整、ＪＦの事務所とのやり取りを、以前はなかった新たな負担と感じることもあった。

それでも多くの日本語パートナーズが派遣先で歓迎され、カウンターパートである日本語教師や生徒、学校の関係者や地域の人と良好な人間関係を築くことができたのは、日本語パートナーズは現地の日本語教師を指導するのではなく、あくまでもアシスタントとしてサポートし、日本語パートナーズ自身も現地の言葉や文化を学ぶ立場であったことが大きい。日本語パートナーズ派遣事業が始まる際、「なぜ日本語教育の素人を多数送るのか」、「そのような予算があるならば日本語教師の資格を有する人を優先して派遣するべきではないか」といった声も聞かれたが、「素人」だからこその利点がある。

それは、〈教える人〉と〈教わる人〉、〈できる人〉と〈できない人〉という主従や優劣の関係ではなく、互いに学び合い、教え合うという関係を日本語パートナーズが築いていることだ。日本語教育の現場にネイティブスピーカーである日本人が派遣されれば、日本人は「教える立場」、「優位な立場」になることが多いが、アシスタントとして授業に入り、現地の言語と文化を学ぶことも役割としている日本語パートナーズは、現地の教師や生徒が気軽に話しかけられる身近な存在となり、自然な形で絆を築きやすい。

日本のファンを増やすことが日本語パートナーズの役割ともいえるが、茶道や華道、着物の着付け、書道などいわゆる伝統的な日本文化だけではなく、七五三の時の写真、高校時代の制服、修学旅行、大学生のアルバイト事情、スーパーのチラシなど、日本での何気ない日常が立派な日本紹介となっている。また、二十代から六十代までの幅広い年代の、様々な経歴の人が日本語パートナーズとして派遣されることで、多面的な日本理解につながっている。

また、インドネシアでの日本語パートナーズ派遣事業に関わることを通じて、どのような日本語パートナーズが現地で歓迎され、日本語パートナーズとして充実した生活と活動を行っているのか、その傾向に関する考察が進んだことも成果であった。

日本語パートナーズ派遣事業の大きな特徴のひとつに、「活動に正解がない」ことが挙げられる。これは、日本語パートナーズの活動が現地で歓迎され、どのような成果を残すかは、「様々な要素（変数）の化学反応」によるものだからである。例えば、気が利いて積極的に提案して日本文化紹介活動を行う日本語パートナーズが歓迎されて大活躍することもあれば、粛々と教科書に沿って授業をしたいカウンターパートの場合、日本語パートナーズの熱意が裏目に出て、カウンターパートとぶつかってしまうことがある。日本語教育の経験や知識、豊富な海外渡航経験や駐在経験がポジティブに作用することもあれば、自分の経験や知識を過信してネガティブに作用することもある。

傾向としては、日本では「優秀」、「真面目」、「目的意識が高い」と言われている人ほど、予定通りにいかなかったり、自分が想像していた結果にならなかった時の反動が大きく、自分を責めたり、他人を責めたりしてしまうことが多かったように思う。ただ、インドネシア語ではJam Karet（ゴムの時間）と言われる東南アジアで多く見られる「時間に柔軟な姿勢」を真似て、何度も遅刻をした日本語パートナーズが、「日本人は時間を守ると聞いていたのに残念だ」「学校で活動する日本語パートナーズには時間を厳守してほしい」との指摘を受けたこともあるのでこれまた厄介なものである。また、活動がスムーズにいくかどうかは人と人の「相性」によることもある。

そうした「正解のない」日本語パートナーズの活動だが、充実した活動や生活となっていた日本語パートナーズの多くに共通していたのは、偶然の出会いや置かれた環境を、必然、つまり自分はこの場所に来るべくして来たんだと前向きに受け入れていることだった。何でもかんでも我慢したり、相手に合わせたりするということではなく、未経験のことや不便を楽しみ、強がらずに周囲に助けを求め、出会いに感謝する姿勢を持つということである。

また、自分を客観的にみて、自身の考えや価値観を相対化する能力も日本語パートナーズに求められる。自分が正しいと信じることや良かれと思ってやったことが、状況や相手によっては反発を招いてしまうかもしれないという意識を持ち、自分がやりたいことをするのではなく、カウンターパートや生徒が何を求めているか、自分の言動が相手からはどう見えるのかを想像する力が、日本語パートナーズが良好な人間関係を築く基礎になっている。

日本語パートナーズ派遣事業に関わることにより、安易な決めつけや分かりやすさに飛びつくことをせず、意味の揺らぎや相対的な価値という曖昧さに耐える力を持ち、相手との積極的な対話を通じて良好な関係を築くということは、取りも直さずＪＦの職員を含めた国際交流に関わる人に求められるものだと気付かされた。

四　日本語パートナーズ派遣事業の課題

日本語パートナーズ派遣事業は、大きな可能性を秘めているが課題もある。そのひとつが「高校で第二外国語として日本語を学習することの意義」である。

日本語パートナーズの査証・滞在許可を検討する省庁横断の政府内会議にも出席するインドネシア国家警察の担当者が、日本語パートナーズの派遣をあまり歓迎していないようだとの情報を得て、その担当者と面談した際の先方の発言が印象に残っている。筆者は、国家警察は、外国人がほとんどいないような地域にも日本語パートナーズが派遣されることから、治安維持や安全確保を懸念しているものと推測していたが実際は違った。担当者の主張は、「インドネシアの高校生には、英語や日本語といった外国語や外国の文化よりも、自分が暮らす地元の言葉（地方語）やインドネシアの文化を優先して学習してほしい」というものだった。筆者からは外国語の学習や若年層が外国の文化に触れる意義を説明したが、価値観の違いがあり、担当官は最後まで腑に落ちない様子だった。

ＪＦが三年に一度実施している日本語教育機関調査で、インドネシアの中等教育段階の日本語学習者数が、二〇一二年の約八十三・五万人から二〇一五年の約七十・三万人へと十五パーセント以上急減した主たる理由は、二〇一三年のカリキュラム改定によって、必修科目だった高校での第二外国語が選択科目になったことにあるが、その背景には二〇〇六年以降の「第二外国語ブーム」が一段落し、教育行政や学校の関係者による第二外国語教育の意義の検証と見直しの動きがあったとみられる。

実際、第二外国語として高校で日本語を週二時間程度、三年間学習したものの、平仮名をすべて書けず、日本語での簡単な挨拶もままならない生徒も珍しくない。第二外国語学習には、当該言語の運用能力の向上のみならず、他文化との比較を通じた自文化の理解の促進や、多様な文化や価値観への寛容な態度の醸成など多くの利点があるが、「有限な授業時間」を前提とした場合に、第二外国語よりも国語・数学・英語など進学に直結する受験科目や、地方言語を含めた自国の言葉や文化の理解に資する科目を優先すべきとの考え方は十分にあり得るものである。

私たち日本側から見た場合の日本語教育は「公共政策」、「外交政策」としての側面が強いが、海外の日本語教育の現場、特に初等中等教育段階の学校では、その国や地域の将来の礎を築く「教育」という観点でその有用性や優先順位が検討される。海外での日本語教育に携わるＪＦの職員は、事業実施の裏付けとなる予算の源泉は日本国民の税金であり、国際社会における日本の存在感や影響力を高め、ソフトパワーの指標のひとつとも言える「日本語学習者数」をいかに増やすかという視点を忘れてはいけない一方、日本側の都合を優先して無理を強いることは中長期にみると、相手からの反感や反発を招き逆効果であることを肝に銘じ、両者のバランスを取っていかなければならない。日本語パートナーズ派遣事業が関わっているのは派遣先の国や地域の「教育」であり、継続性が求められる。日本側の都合で、予算があればやるが、なくなればやらないということでは相手の信頼を得ることは難しい。

また、海外での日本語教育の発展の鍵は、英語以外の外国語を学習する意義をしっかり検証した上で、第二外国語の中でも特に日本語の学習が有する魅力や利点を広くアピールしていくことだと考えている。中等教育段階での日本語教育は、中国語や韓国語など他言語とのゼロサム的な競争という側面も確かにあるが、それ以上に第二外国語への関心を高め、学習者の裾野である全体のパイをどう拡大していくかが重要である。世界の第二外国語学習のブームが一段落した状況の中、外国での言語普及を推進している他国の機関は日本にとってライバルであると同時に、第二外国語学習の意義を広く伝え、潜在的な学習者を掘り起こし盛り立てていく「共闘仲間」でもある。中長期的な日本語教育の発展のためには、言語普及を推進している各国の機関との連携を真剣に検討すべきだろう。

五　結びに代えて

二〇二〇年二月十四日。東京都渋谷区にある関東国際高等学校において、同校と神田外国語大学による高大連携協定式が開催された。この協定は、同校の近隣語各コースのうち、二〇〇七年に開設されたタイ語、インドネシア語、ベトナム語の東南アジア三言語コースの高大一貫教育プログラムに関するもので、現在の日本の「画一的な外国語教育の現況に変化をもたらし、多様な外国語教育の普及に寄与すること」が目指すもののひとつに掲げられている。

文部科学省が発表している「高等学校等における英語以外の外国語科目の開設状況」によると、二〇一八年五月一日現在、六百七十七校で延べ四万四千七百五十三人が英語以外の外国語を履修しているが、大半は中国語、韓国・朝鮮語、フランス語、スペイン語、ドイツ語であり、東南アジアの言語が含まれる「その他」の区分は六十九校で延べ千三百四十六人にとどまっている。他方、東南アジアの中学・高校などの中等教育段階における日本語学習者数は、最新の二〇一八年度調査で八十五万四千六百二十五人となっている。

教育制度や学習環境が異なるため、単純に学習者数の比較だけで論じることができない側面はあるが、日本と東南アジアにおける学習者数の違いは、今後の日本における国際交流及び多文化共生社会に向けた取り組みを考察する上で興味深い。同じアジア地域にあり、二〇一九年四月に新設された特定技能制度の二国間協定書を締結済みの十二カ国（二〇二〇年六月現在）のうち、半数の六カ国が東南アジアの国々であり、東南アジアからの留学生や駐在員も日本各地で増えている現状を踏まえると、相互理解の観点から日本における東南アジアの言語や文化、価値観への理解の促進が必要と言える。

国際交流が身近なものとなり、海外派遣型の国際交流プログラムに参加する人も増えているが、日本語パートナーズ派遣事業はその流れを加速するものであり、現地滞在型の学び合う交流を通じて、現地の言葉と文化を学び、自身が外国人としてマイノリティとなる経験は、日本で暮らす外国人や外国にルーツを持つ人をサポートし、豊かな多文化共生社会を築く上で大きな力になるものと確信している。

新型コロナウイルス感染症の世界的な拡大により、日本でも社会を分断する方向に作用する力が増しているように感じる。国際的な人の移動が大きく制限される中で、意識が国内問題に偏り、外国人などマイノリティに関わる問題が見過ごされたりしている。このような時だからこそ、日本語パートナーズに求められる自分の立場を相対化する想像力と、異なる文化や価値観への共感力が求められていると強く感じる。

新型コロナウイルス感染症の世界的な拡大を受けて、二〇二〇年度の日本語パートナーズの派遣は見送られているが、日本語パートナーズ経験者の多くは、帰国後も派遣先の日本語教師や生徒、地域の人々とつながっており、日本語パートナーズとしての経験を生かして、日本語教育のサポートや多文化共生に向けた活動、各種ボランティアを行っている。日本語パートナーズ自身が現地に行ったというリアルな実体験が土台となっているからこそ、バーチャルなつながりが豊潤なものになっている。そしてバーチャルな日々のつながりが、将来のリアルな交流をより実りあるものにしてくれる。リアルな体験とバーチャルな交流は双方が延長線上にあり、断絶していない。

〈心連心〉——日本と中国、心をつなぐ

横田有紀

二〇〇五年四月十六日

それはまるで、大量のエキストラを動員した映画の撮影現場のようだった。右からも左からも、前からも後ろからも、大通りから、脇の小道から、続々と湧き出て来る大勢の人々。口々に大声を上げながら、皆、同じ一つの目的地へ向かって進んで行く。もちろん、こんなにも大勢の人々を自分の目で実際に見たことなど今までない。そして、「もう一生、こんなにも多くの群衆を目撃することは再びないだろう」と思った記憶が残っている。

二〇〇五年四月十六日、中国・上海。春を迎え、気温も上がって、晴れたいいお天気の土曜日だった。私はJFから在上海日本国総領事館に出向中で、上海に赴任して約一年半が経過した頃だった。

領事館があるエリアは、平日は多くの人々が行き交うビジネス街だが、時おり土日に休日出勤してオフィスに行くと、週末はあまり人の姿もなく、平日の喧騒とは対照的に静まり返っている。それがこの日は、反日デモに参加し、領事館を目指して行進していく人々の列が、途切れることなく続いていた。

領事館の外側を何重にも取り囲む群衆。投石で割られた窓ガラス。壁に投げつけられた赤いインクボール

からは、血を思わせる筋が何本もしたたる。デモ隊が去った後、領事館の敷地内には、飲みかけのペットボトルや食べかけのパンから、卵、レンガの破片、道路から一体どうやって引っぺがしたのか歩道の舗装用タイルのようなものまで、群衆が投げ込んだおびただしい量の様々な物品が残された。市内では、日本料理店や日本車をターゲットにした襲撃も発生した。

日中交流センターの誕生

JFでは一九七二年の設立以来、「文化芸術交流」、「日本語教育」、「日本研究・知的交流」の三分野のいずれにおいても、様々な対中国事業を多数実施してきた。能や歌舞伎のような伝統芸術も、J-POPや現代アートのような新しい文化芸術も紹介してきたし、二〇〇〇年代前半の日本語学習者数は韓国に次ぐ世界第二位で（最新の二〇一八年度調査では世界第一位）、日本語学習ブームが起き、一時は日本語能力試験（JLPT）の受験希望者が急増しすぎて申し込み困難になってしまったほどだった。日本研究者の育成・支援も長年にわたり継続してきた。

二〇〇〇年代前半の当時は、日中関係が「政冷経熱」と称された頃だった。歴史認識問題や小泉純一郎首相の靖国神社参拝を巡って日中間の政治関係は冷え込む一方、経済関係は非常に活発で、日系企業の進出が相次ぎ、在留邦人の数も急増していた。

二〇〇五年の反日デモは、歴史教科書問題や日本が国連安全保障理事会の常任理事国入りを目指した動きなどへの反対ないし反発から、四川省成都や北京でも発生していた。だが、上海でここまで大規模かつ暴力的行為を伴った反日デモが発生するとは、私自身も含め、多くの人々が全く予想していなかった。

上海は、日本で言えば横浜や神戸のように早くから海外に接してきた開放的な街だ。目覚ましい経済発展を遂げた豊かな都市。人々の関心が強いのも、政治よりも商売や投資話。若者たち達を中心に、J-POP、日本のドラマ、日本の流行ファッション、日本料理はじめ、日本発のポップカルチャーも人気を博していた。そんな上海で、まさかこんな反日デモが起きるとは。

これまで長年にわたって様々な対中国事業を実施してきたが、これから先どのような日中交流事業を実施していけばいいのだろうか？

その結果、二〇〇六年にJF内に新たに発足したのが、「日中交流センター」である。着目したのは若い世代。日中両国間の青少年交流に特化した事業を行うこととし、両国の若者同士が心と心を結び合う〈心連心〉を掲げ、重なり合う二つのハートで〈心連心〉を表現したデザインのロゴマークもつくった。

デモ隊の内周と外周

二〇〇五年四月十六日に話を戻そう。デモ隊によって日本料理店や日本車が襲撃されたり、窓ガラスが割れて壁に血のような跡が残る領事館の映像を日本のニュースで見て、多くの友人知人が私の身を案じてくれた。私の実家には、遠い親戚や普段はあまりやりとりがないような知り合いからも「テレビで見たけれど、あんな危険なところにいて、早く帰国させなくていいのか」と電話がかかってきたと後から聞いた。

だが、当たり前のことだが、映像にはカメラのレンズに映ったものしか映らない。レンズからほんの少しでも外側にあったものは映らない。

デモの当日、領事館を幾重にも取り囲む群衆の中、最も内側にいたのは、まるで職業活動家のような暴力的な集団だった。口々に怒号を発し、領事館の建物をめがけて様々な物を投げつけ、破壊行為を行った。

だが逆に、領事館を取り囲む円周の一番外側で私が目にしたのは、「いま日本領事館の前にいるんだけど、凄い人だかりだから！　こんな光景めったに見れないから、早く見に来なよ！」と携帯電話で友人を誘ったり、群衆を背景にピースをしながら友人同士で記念撮影に興じているデモ参加者たちだった。

一口に「デモ隊」と言っても、こんなにも温度差があった。でも日本でニュース映像を見ていただけでは、上海市民の皆が反日で、暴力的な破壊行為が至る所で発生していたように感じてしまうのも無理はない。

日中両国、お互いに言えることだが、メディアでのニュース報道にせよ、教科書で学んだ内容にせよ、互いの国に関するネガティブな情報は日ごろから身近に溢れている。そうしたネガティブなイメージに引きずられてしまうことは、とてもたやすい。

私自身は、大学三年生の時に一年間の北京留学を経験した。留学すること自体には賛成の両親も、当初、行き先が中国であることには反対だった。その理由の一つには「中国には反日の人たちがいっぱいいて危険ではないのか？」もあったと思う。しかし、私が北京留学で出会った人々は、大学のクラスメイトや先生方はもちろん、毎日のように通った食堂のおばさん、雑貨屋の店番のお姉さん、近所の野菜市場で顔馴染みになったおじさん、タクシー運転手さんまで、彼らにとって私は「遠く日本から留学に来ている一人の学生」だった。その日のお天気から、好きな食べ物、家族のことや故郷の話まで、色々なおしゃべりを楽しみ、時には互いの習慣の違いに驚いたり、政治に関する話もした。「日本」「中国」の国家云々は関係のない、ごく普通の、ただの友人になった。そして一年間の北京留学から帰国して、自分が経験してきた中国と、日本に溢れる中国関連情報とのギャップをどうしたら埋めていけるのか、考えるようになった。

「〈心連心〉——中国高校生長期招へい事業」

二〇〇六年にJF内に新たに設置された「日中交流センター」がまず開始したのが、「中国高校生長期招へい事業」。日本語学習経験のある中国の高校生を日本へ一年間招へいし、日本の高校生と一緒に、ごく普通の日本の高校生活を送ってもらう。招へい人数は年によって多少異なるが、毎年二十〜三十名強程度。北は北海道から南は沖縄まで、日本全国各地に散らばって留学生活を送る。ホストファミリー宅でホームステイ、あるいは学校併設の寮で暮らしながら、一生徒としてその学校に通い、クラスメイトと一緒に授業を受け、学校行事や部活動に参加し、中間テストや期末テストも受ける。

日本での一年間は、中国各地それぞれの地域から北京に集合し、揃って出発前オリエンテーションを受け、北京首都国際空港を出発するところから始まる。そして、東京で一週間弱の来日研修を受けた後、迎えに来て下さった受け入れ高校の先生やホストファミリーに連れられて、日本全国各地に散らばっていく。そこから先は、同じものは二つとない、招へい生一人ひとりそれぞれの一年間だ。

中国で勉強第一の学校生活を送ってきた彼らは、日本の高校に来て、様々な違いに驚く。

例えば、部活動に打ち込んだり、文化祭や体育祭にクラス一丸となって取り組むような機会は、いい学校を目指していい成績を取るため勉学に励むことが最優先の中国ではあまりない。「中国だと勉強のできる子がクラスの人気者なのに、日本では違っていて驚いた」と感想をつぶやく子もいる。

招へい生の日本での一年間は、クラスメイト、部活仲間、先生、保護者、ホストファミリー、地域はじめ、地元の多くの人々に支えられている。そうした招へい生の周囲にとっても、中国から来た高校生との交流は、日ごろメディアやネットで接する中国情報とは異なる、中国への印象や見方を多面的にする機会になるのではないかと思う。

もちろん、一年間の日本留学を乗り切るのは容易なことではない。来日前に日本語学習経験があるとは言え、中国からやって来てすぐ、日本の高校生と同じクラスで高校の授業を一緒に受けるのは相当ハードだ。数学や英語の授業では日本のクラスメイトをリードするくらい優秀な招へい生でも、現代文や古文になるとやはりつらい。

しかも、まだ高校生という未成年。中国から日本という外国・異文化の中に来て、当然、ホームシックになることもある。「なかなか仲のいい友達ができない」と悩む子も出てくるし、時にはホストファミリーと衝突することもある。来日当初の新鮮さや興奮が薄れて来た頃に、日本語力の伸び悩みや中だるみに直面するケースもある。「〈心連心〉での一年間が終わって中国へ戻った後、ちゃんと勉強についていけるだろうか」との葛藤もある。

日本の各地で留学生活を送る招へい生の伴走者として、日中交流センターのスタッフは日々きめ細かいサポートを続けてきた。生徒本人の悩みを聞き、日本語漬けの生活に疲れてしまった生徒には時に中国語でもコミュニケーションを取り、アドバイスを行う一方、ホストファミリー・学校の先生・寮の先生など、色々な関係者と密接に連絡を取る。スタッフが今までサポートに奔走した事例だけで一冊の本が書けるくらい、様々なエピソードが残されている。

この事業がスタートして十年以上が経過し、その間に、招へい生を取り巻く悩みや問題も変わってきた。開始当初は、どちらかと言えばまだ日本の方が「経済的に豊かで進んだ国」だったかもしれない。だが、中国は年々経済的な豊かさを増し、日本に来て「中国よりもフリー Wi-Fiが充実していない」、「中国ではもう現金が要らないくらいなのに、日本ではキャッシュレス決済があまり普及していない」とつぶやく招へい生もいる。ホストファミリーからは、「何度注意しても、水を出しっぱなし、電気をつけっぱなしでもったいない」とお叱りを受けたり、中国の親からの潤沢なお小遣いで気軽にあれこれショッピングを楽しむ招へい生について「高校生のお小遣いとして相応しくないのではないか」とご意見をいただいたり……。過去に来日経験がある生徒や、他の外国への渡航経験がある生徒もすっかり珍しくなくなった。「自分は選ばれて留学に来たのだから頑張らなくては」という気負いは薄れ、「自分のために、自分が来たくて、日本に来た」というスタンスの生徒が増えた。

近年出てきた新たな課題はスマートフォン。日本に留学に来ていても、これ一つでいくらでも中国につながれてしまう。日本に来て、なかなか親しい友人ができなかったり、外へ出ていくのが億劫になった時でも、スマホ一つですぐ中国・中国語の世界に戻れてしまう。ホストファミリーから「食事が終わるとすぐに自室に戻ってスマホばかりで、全然交流できない」と嘆く声が届く一方、招へい生たち自身も「このままではいけないと思いつつも、ついスマホをいじってしまう」、「スマホとの付き合い方は難しい」と悩む。

様々な困難を乗り越えて、様々な日本の日常生活を経験しながら、長いようで短い一年間は過ぎていく。日本での友達やお世話になった方々に涙の別れを告げ、一年間の日本留学を終えて帰国する際には、来日当初どことなく頼りなさげで不安な面持ちだったのが、どの招へい生も見違えるほど堂々と成長している。

二〇〇六年に始まったこの事業も、毎年の招へい人数はほんの三十名程度とはいえ、第十四期生までに計四百四十二名に達した。中国へ帰国し、高校を卒業した後は、中国で大学へ進学するだけでなく、再び日本に来て進学・就職するケースも多いし、欧米へ進学する道を選ぶ生徒もいる。大学で日本語や日本に関する専攻を学ぶ生徒も多いが、日本と特段関係のない分野へ進んだ生徒もいる。なかには、中国外交部に入って外交官の道を歩む卒業生も出てきた。第一期生でもまだようやく三十代。彼らがどのような道に進むにせよ、高校時代の一年間を日本で過ごし、日本を「第二の故郷」と感じ、肌感覚で日本のことを知っている〈心連心〉卒業生は、日本にとっても中国にとっても貴重な存在だ。

「〈心連心〉——中国ふれあいの場事業」

二〇二〇年の世界的な新型コロナウイルス感染症拡大以降は別として、近年は日本でも、中国人観光客の姿がすっかり見慣れたものとなった。一時期は中国人客の買いっぷりが「爆買い」と称され、中国人客を当て込んだ市中免税店がオープンし、中国語を話すスタッフを置いたり、中国語表示や中国語メニューを用意する店舗も増えた。しかし、日中交流センター設立前の二〇〇〇年代前半、中国の人にとって、海外旅行はまだまだそんなに身近なものではなく、ビザを取って日本に来ることもずっとハードルが高かった。

もちろん、中国の人すべてが実際に日本を訪れて、ありのままの日本を見て、日本人と交流することができたら素晴らしいが、それは難しい。そこで、日中交流センターの設立に当たり、「日本を訪れたり、日本の人と接する機会がなかなかない中国の人たちに対してどんなことができるか」を知恵を絞って考えた結果、生まれたのが「中国ふれあいの場事業」である。

日本の情報や日本人と接する機会が比較的限られた中国の地方都市に、「中国ふれあいの場」を設置する。「ふれあいの場」では、雑誌・書籍・映像資料はじめ日本の最新情報を取り揃え、日中交流イベントを開催する。そこに行けば、アニメ・ファッション・旅行・グルメなどの日本の情報に触れ、皆で海苔巻きをつくって試食したり、茶道や華道を体験したり、日本語を実際に使って交流したり、様々なイベントに参加できる。中国側機関が日常的な管理・運営を担い、日中交流センターはコンテンツの提供や交流イベント開催の支援を行う形で、二〇二〇年六月時点で、「中国ふれあいの場」は計十八カ所設置されている。

日中交流センターでは、日本から大学生のグループを「中国ふれあいの場」に派遣する「大学生交流事業」も実施してきた。日本国内の大学生を対象に、「中国ふれあいの場」で中国の大学生と一緒に取り組む日本紹介イベントの企画案を募集し、選ばれたグループが実際に中国へ派遣される。中国へ渡航する数カ月前から、カウンターパートとなる中国側の大学生グループと連絡を取り合い、企画を練り直し、準備を行う。渡航後の数日間で一緒に現地作業を行い、イベント当日を迎える。イベント当日に至るまでの過程で、意見が衝突することもあるし、現地で手に入ると思っていた材料が見つからず「たこ焼きの屋台をやるのにタコがない！」となったり、大雨に見舞われて外で実施の予定が屋内に急遽変更になったり、どのグループも様々な紆余曲折を経験する。

しかし、ソーラン節やエイサーのステージ、日本食の屋台、茶道デモンストレーション、折り紙名人による作品の展示、浴衣の着付け体験、うちわ絵付け体験、お化け屋敷など、日本と中国の若者たちが趣向を凝らして創り上げたイベントには、多い時には数百人もの地元中国の一般市民が訪れる。日本の大学生と片言の「ニイハオ」や「謝謝」だけでも、子どもたちにとっては珍しい外国の文化に触れた楽しい思い出になるし、大人にとっても、イベント運営に汗を流す日本の若者の姿からは、日ごろ中国メディアで接する日本とは何か異なる印象が残ることだろう。

そして、こうした大型イベントを一緒に準備・運営する過程で生まれた日中の大学生同士の絆は深い。その後も交流は続き、日中交流センターには、「中国に行って、イベントを一緒に創った仲間たちと再会してきました」、「あの時イベントに向けて一緒に頑張った○○ちゃんが中国から日本に遊びに来てくれました」といった便りが届く。

交流の輪の広がり

手前味噌になり恐縮だが、十五年近くの歩みを続けてきた日中交流センター事業が誇ることの一つに、「交流の輪の広がり」がある。我々の事業への参加経験者が、「自分が経験したような交流をもっと多くの人にも経験してもらいたい」、「日本と中国をつなぐために自分も何かしたい」と、今度は自ら日中交流活動に携わり、交流の輪をつなぎ、生み出し、広げてくれているのだ。

例えば、「中国高校生長期招へい事業」で一年間の日本留学を経験した中国の高校生が、中国に帰国して大学に進学後は「中国ふれあいの場」の運営にボランティアとして参加したり、日中交流のサークルや学生団体を立ち上げたり、それまで中国に特段の関心を持っていなかった日本の大学生が、「中国ふれあいの場」で中国の学生と一緒にイベントを創った経験をきっかけに、自分の大学で中国人留学生との交流活動を始めたり、地元の中国人コミュニティに目を向けるようになったり――。

日中両国の若い世代が、日中交流センター事業を通じて交流の楽しさを知り、しかも、そこで終わってしまうのではなく、今度はそれを広く伝えていこうと頑張ってくれている姿は、我々にとって嬉しい限りである。

日中交流センターが設立されてもうすぐ十五年。この間に、日本も変わり、中国も変わり、世界全体も変化を遂げてきた。旅行で日本を実際に訪れたり、日本に留学に来る中国人の数は飛躍的に増え、日本の街角のあちこちで中国語を耳にするようになった。他方で、互いの心の距離がその分比例して縮まったかというと、どうだろうか。これからも変わる時代、変わる世界にあわせて、「いま、日本と中国をつなぐためにどんな事業を実施していくべきか」を考え、悩み抜きながら、日中交流センターの事業もまた変わっていくだろう。

日本と中国は、互いにどこかへ引っ越すわけにもいかない隣の国同士。近いからこそ、いさかいも揉め事も起きやすい。互いの国について、気に入らない部分や嫌いなところもあるかもしれない。でも、メディアやネット上の反日・嫌中情報に引きずられそうになった時、自分が身近に接した友人、交流して楽しかった思い出、互いの意見の相違を興味深く感じた記憶——一人ひとりのそうした経験は小さくても、その積み重ねは、日本にとっても中国にとっても重要な力になる。

ジャポニスムのメトロ広告（嶋根智章撮影）

コラム　国際交流基金の歩み

七〇年代〜八〇年代半ば

ＪＦは、一九七一年、国際文化交流体制の抜本的強化を目指し、当時の福田赳夫外相がその設立を提唱して準備が進められ、翌一九七二年十月に発足に至った。当時は、ニクソン・ショックに伴う国際経済危機の混乱の中にあり、福田外相は、ＪＦの設立に当たり、「資源の乏しい国であるわが国にとっては、世界の平和と繁栄の中で国の繁栄をはかること以外には、生きる道はありえないという状況の中で、わが国が世界のために貢献しうる国家となることが基本であり、そのためには諸外国との相互理解の増進ほど重要なものはないと考えた」と後に記している（福田赳夫「立志の齢を祝して」『国際交流』一九八七年）。また、一九七三年一月の開設記念パーティーに出席した当時の田中首相は、「国際協調の必要性がとみに増大し、諸国民同志の心のふれあいと相互理解を増すことが平和維持のための重要な要素となっている」と述べている。

ＪＦの設立の根拠となる国際交流基金法の国会審議の過程で、衆議院外務委員会は以下の二点に十分配慮することを求めた付帯決議を行った。一方的な日本紹介や日本からの発信だけではなく、双方向の交流を行うこと、また、運営に当たっては国民の総意を結集し、柔軟な運営を行うことが国会から付託された使命となった。

（一）国際交流基金の設立に当たり、国際文化交流に関する政府の基本姿勢としては、わが国に対する諸外国の理解を深めるだけではなく、わが国民の諸外国に対する理解を深めることも同様に極めて重要であることを特に留意すること。

（二）運営審議会委員の選任に当たっては、民間各界からの起用を特に考慮し、基金の運営については、運営審議会の意見を十分尊重し、その積極的活用を図ること。

この時期、事業面では、一九七三年から国際交流基金フェローシップと世界各国の中学高校教員をグループで日本に招くプログラムを開始したのに加え、七四年には作家で文化相も務めたアンドレ・マルロー氏（フランス）、七七年には文化人類学者のレヴィ＝ストロース博士（フランス）、七九年には作家ホルヘ・ルイス・ボルヘス氏（アルゼンチン）ら重要な文化人を招へいし、人物交流事業を積極的に行った。文化芸術分野では、中東での初の能楽公演（七五年）や歌舞伎の中国公演（七九年）・米国中南米公演（八三年）などを実現させたほか、フランスでの「唐招提寺」展（七七年）、英国での「江戸大美術」展（八一年）、などの大型美術展も実施した。また、一九七六年から五サイクルにわたって実施された「アジア伝統芸能の交流（ＡＴＰＡ）」や南アジア映画祭（八二年）、アフリカ映画祭（八四年）、ラテンアメリカ映画祭（八八年）など日本でほとんど知られていない地域の芸能や映画を国内で紹介する先駆的な事業にも取り組んだ。

八〇年代半ば～九〇年代

八〇年代半ば以降、プラザ合意による円高を背景に日本は経済大国として国際社会での存在感を高めていく。そのような中、竹下首相は、八七年十二月にマニラで「日本・アセアン総合交流計画」を提唱。さらに、八八年五月にロンドンで演説を行い、「国際文化交流の強化」を「平和のための協力強化」、「ODAの拡充」と並ぶ日本の国際貢献の柱とする「国際協力構想」を打ち出した。その後、竹下首相のもとに設けられた「国際文化交流に関する懇談会」（平岩外四会長）は八九年五月に最終報告を提出し、JFの活動基盤の強化を図ることなどを首相に提言した。

このような流れを受け、九〇年一月にはアセアン文化センター、九一年四月には日米センターが設立され、JFの事業の拡大が図られた。アセアン文化センターでは、舞台芸術、美術、映画などの東南アジア文化の日本への紹介に取り組む一方、日米センターは、日本と米国が世界的な課題について大きな責任を分かち合うパートナーであるという認識のもと、知的交流と草の根レベルでの相互交流を推進することをミッションとした。九三年に細川首相のもとに設置された第二次「国際文化交流に関する懇談会」は九四年六月に最終報告書を提出し、アジア・太平洋地域の未来を創り上げる交流を提唱した。さらに、村山首相は終戦五十周年に当たる九五年からアジア・太平洋諸国との相互理解、信頼醸成を目的として「平和友好交流計画」を開始。アセアン文化センターはその一環としてアジア全域を対象とするアジアセンターに発展改組された。アジアセンターは、アジアの共同体意識の醸成を一つの目標に、アジア・リーダーシップ・フェロー・プログラムやアジア・パシフィック・ユース・フォーラムなどの知的交流事業やアジア六カ国共同製作演劇「リア」をはじめとした舞台芸術交流、さらには、美術交流、映画事業などを展開した。

一方、一九八四年の開始当時、約七千人であった日本語能力試験（ＪＬＰＴ）の海外・国内受験者数は、一九九九年には、十六万人を超え、日本の経済発展とともに日本語学習に対する関心も高まりを見せた。ＪＦは、日本語教育を行う附属機関として、八九年七月には日本語国際センター、九七年五月には関西国際センターを設置し、海外の日本語教師研修、外交官・公務員や大学院生に対する専門日本語研修などを日本国内において実施する体制を整備した。また、中国における日本語教師育成を目的として一九八〇年に設立された「北京日本語研修センター」（通称「大平学校」）は、八五年に大学院教育・研究を行う北京日本学研究センターへと発展し、その後、現在に至るまで日本語・日本研究、日本との交流に携わる人材育成の重要な拠点の一つとなっている。

二〇〇〇年～二〇一〇年

二〇〇一年九月に発生した米国における同時多発テロは世界に衝撃を与え、文明間の対話、特にイスラム圏との対話が、欧米主要国そして日本においても重要な課題として浮上した。ＪＦは、日本国内で「イスラムの映画、映画のイスラム」などイスラム圏の文化紹介を行うとともに、対中東地域文化交流・対話ミッションの派遣（〇三年）やシンポジウム「日本と中東イスラム世界：共生の時代」（〇四年）の開催、さらには、人的交流、文化財保存支援まで多角的に中東地域を中心とするイスラム諸国との交流強化に取り組んだ。さらに文化を通した平和構築への貢献を目指し、イスラエル・パレスチナ・ピースキッズ・サッカーやアチェの子どもたちのための演劇ワークショップなどを実施した。

また、急速な経済発展とともに社会変貌を続ける中国と日本の次世代同士の交流強化のため、二〇〇六年四月に新たに日中交流センターを設置し、中国高校生の日本招へいと中国の地方都市での日本文化の窓口としての「ふれあいの場」の運営などの事業を開始した。

組織面では、JFは、行政改革の流れの中で、二〇〇一年十二月に閣議決定された特殊法人等整理合理化計画により、独立行政法人化することが決定され、二〇〇三年十月に独法に移行した。これにより、これまでの「日本理解の促進」と「国際相互理解の増進」に加え「文化その他の分野において世界に貢献」することを新たなミッションとして、新たな独法制度に基づく運営を行うこととなった。法人化から間もない二〇〇四年五月には、組織改革を行い、事業部門を文化芸術、日本語、日本研究・知的交流の三部門に再編した。

二〇一〇年以降

二〇一一年三月に発生した東日本大震災は東北地方を中心とする広い範囲に甚大な被害をもたらした。世界中から日本に激励のメッセージが届き、支援の手が差し伸べられた。JFは、震災から一年を経た二〇一二年三月から、国際社会への感謝の意を込め、震災後の日本社会と復興・復旧への取り組みを発信し、被災地域に伝わる豊かな文化と伝統を海外に紹介することを目的として総合文化事業「震災を乗り越えて——日本から世界へ——」と題した舞台公演、展覧会、講演会、映画・ドキュメンタリー上映会からなる総合文化事業を米国、フランス、中国を中心に世界各地で展開した。

二〇一〇年代半ば以降、グローバリゼーションの進展による金融・人材の移動が必ずしも先進諸国の中間層に経済的に恩恵を与えないことが明らかになり、英国のＥＵからの離脱、米国におけるアメリカ・ファーストを掲げるトランプ大統領の誕生などに象徴されるように、国際協調主義が後退し、自国第一主義を優先する傾向が顕著となる。一方、中国の台頭に加え、東南アジア、中南米などの新興諸国は、紆余曲折を経ながらも経済成長を続け、国際社会での比重を増していった。

そのような中、ＪＦは、二〇一三年に安倍首相が打ち出した新しいアジア文化交流政策「文化のＷＡ（和・環・輪）プロジェクト〜知り合うアジア〜」に基づき、二〇一四年に新しい装いでアジアセンターを立ち上げた。日本語パートナーズ派遣事業と芸術・文化の双方向交流事業を二本柱として、経済パートナー、インバウンド観光、労働人材はじめ様々な面から重要性を増しているＡＳＥＡＮ諸国を中心としたアジアとの交流の再強化を図った。また、東京二〇二〇オリンピック・パラリンピック競技大会に向けた機運醸成と訪日外国人観光客の拡大も見据え、フランスにおける「ジャポニスム二〇一八」、米国における「Japan 2019」という二つの大型文化フェスティバルを開催し、パリやニューヨークなどの世界都市を起点として日本の文化を世界に発信した。

日本語教育を取り巻く環境も大きく変化した。従来からの言語を通した文化理解・相互交流という目的に加え、日本国内への外国人材受け入れも視野に日本語能力を持った有為な海外人材輩出への期待も高まった。二〇一六年七月には、「日本語を勉強したくても教室が近くにない」という世界中の学習希望者に気軽に日本語を学ぶ機会を提供するため、日本語学習プラットフォーム「ＪＦにほんごｅラーニ

ング みなと」を開発・公開。日本語能力試験（ＪＬＰＴ）の全世界受験者は、二〇一八年度には初めて百万人を突破し、二〇一九年度には百十六万人に達した。さらに、ＪＦは、二〇一九年四月に開始された新たな在留資格に基づく日本への外国人材の受け入れ施策に対応し、外国人材の日本語能力判定に活用される国際交流基金日本語基礎テスト（JFT-Basic）を開発するとともに、外国人が日本で生活する際に必要な基礎的な日本語コミュニケーション力を身につけるための教材『いろどり 生活の日本語』の開発・公開、現地教師研修、現地教育機関への支援を行っている。

新たなチャレンジ

ＪＦは、約半世紀にわたり、その時々の国際環境、社会状況を踏まえて臨機応変に機動的な事業を行うとともに、日本語教師、日本研究者の育成や人的ネットワーク形成など地道ではあるが、継続的に行うことで成果を上げる事業を組み合わせて、世界各国と息の長い関係づくりを行ってきた。

二〇二〇年、新型コロナウイルス感染症の世界への拡大は、ＪＦの活動にも大きな影響を与えた。国を越えた人の交流や大勢の人々が集まるイベントの実施が制限される中、世界の人々との文化を通じたつながりを維持し、発展させるため、オンライン事業を中心とする活動の強化を図った。現時点でコロナの影響を見極めることは困難であるが、この先のウィズコロナ・アフターコロナ時代の国際文化交流事業を、国内外の文化芸術、学術、市民セクターなどのニーズを踏まえ、新しい発想と斬新なアイデアをもって、展開していくことが求められている。

（小島寛之）

第二章

人に始まり、人に終わる

防災とアートで人をつなぐ（田中健一撮影）

プラットフォームのつくり方——相手に寄り添う

松岡裕佑

字幕が映し出すもの

「「ミャンマーって軍事政権の国でしょ？　危ないんじゃないの？」と言われて来ましたけど、実際来てみると安全な国ですね」。

私が二〇一四年に赴任した頃に会った旅行者や留学生からよく耳にした話だ。ミャンマーは二〇一一年三月、一九八八年から続いた軍事政権が解散し、テインセイン大統領をトップとする民政への移管が行われた。それから三年経った当時も、日本国内にはまだ軍事政権のイメージが残っているほど、ミャンマーの実情が当時の日本国内には知られていなかった。

赴任当初ヤンゴンにJFの拠点はなく、在ミャンマー日本国大使館へ出向する形で業務を開始した。民政移管後とはいえ、ヤンゴンの国立博物館や国立劇場のトップは依然として国軍出身者であり、多くのケースで何から始めたらいいのか戸惑っているような印象を受けたのを覚えている。状況を変えたいと思っていても、長年の軍事政権の下で蓄積されたしがらみから、何をどう動かしたらよいのかわからず困惑しているという話も色々と聞いた。

その一例として映画の字幕を巡る問題がある。ミャンマーでは外国映画を上映している映画館も増えてきているが、そこにはミャンマー語の字幕が付いていない。吹替がなされているわけでもなく、みな字幕なし、もしくは英語字幕で観ている。字幕を付ける許可が下りないためだ。ミャンマー国民が広く英語を理解できるというわけではないので、観客の大多数は内容を深く理解できていない中で外国映画を鑑賞していた。

字幕許可についてさらに調べてみたところ、法律で明文化されているわけではなかった。ミャンマーでは、出版物や展示に対する検閲は民政移管後に撤廃されたが、映画に関しては情報省の許可が下りない限り上映できないというルールが続いていた。この審査に字幕の許可も含まれており、その許可が下りないということだった。

ミャンマー情報省の関係者に会った際、字幕許可について話を聞く機会があった。外国映画をミャンマー語字幕で観ることで、広くミャンマー国民が外国文化を知り視野を広げられるのではないか、また映画製作者にとっても良質な外国映画を観ることは望ましいのではないか、と問いかけてみたところ、「実は自分もそう思ったことがある」という意外な答えが返ってきた。字幕許可を与えてはどうかと情報省内の委員会で提案したところ、そこのメンバーである民間映画関係者らの団体から反対を受け、いまだに実現できていなかった。外国映画にミャンマー語字幕を付けてしまうと観客が映画のストーリーを理解してしまい、その面白さに気付く、そうするとみなミャンマー映画を観なくなる、ということが反対理由である。

自国の映画産業保護という政策を打ち出している国は、例えば上映件数に上限を設けたりするが、字幕を付けないということまでしている国はなかなか他に例を見ない。政府が民政移管を進め、出版物の検閲もなくなるという流れの中で、民間団体である映画団体がこのような声を上げ続け、その暗黙のルールに情報省が縛られ続けているという状況があった。

ワタン映画祭との出会い

しかしこの字幕問題には、二〇一七年に開催した日本映画祭が風穴を開ける。入場料を取らない非商業上映であり、日ミャンマー間の文化交流を目的としたものであるという前提条件付きではあったが、映画祭のような大規模な映画上映会でこの許可が下りたのは初めてのことだった。当時どうして許可が下りたのか、本当の理由は分からなかったのだが、おそらく日本映画祭運営を依頼したワタン映画祭事務局の、ミャンマー情報省との度重なる交渉があったおかげだと思っている。

ワタン映画祭とは、ミャンマーで唯一、ミャンマーの映画関係者が主体となって開催されている映画祭で、二〇一一年より続いている。チェコの国立大学FAMUへの留学から戻ったトゥ・トゥ・シェインとタイディの夫婦が、ヨーロッパ各国で開催されている映画祭を留学中に見て、「自国でも映画祭を」という思いから立ち上げた。彼らはこの映画祭を十年近く開催する中でミャンマー情報省との信頼関係を築いた。

JFは二〇一四年から映画祭の一部事業に助成する形で彼らとかかわりはじめるのだが、ミャンマーでの日本映画祭の規模を一気に拡大するタイミングで、運営の一部お願いしたところ、引き受けてくれた。当地の事情を熟知し、映画祭運営のノウハウも持っている彼らと組んだ効果は大きく、その一つがミャンマー語字幕を付けての上映許可だった。彼らが情報省担当者に対し、字幕を付けることに問題がないことを繰り返し説明することで情報省を安心させたことが、字幕付き上映の許可につながる。

このミャンマー語字幕の効果は絶大で、それまで客席の半分が埋まれば十分というような規模だったものが、二〇一八年一月に開催した際にはヤンゴンとマンダレーの二都市で計十三日間にわたり、延べ五十五回上映、計一万五千人を超える観客を動員した。すべて無料であったとはいえ、座席数に対して平均九割以上の客席が埋まっていたことからも、この字幕付きという点が非常に大きかったと言えるだろう。また、ワタン映画祭の事務局としても、これまで有志が手弁当で続けてきた映画祭の経験が外国から評価され、一定の組織収入にもつながったということで、自分たちの活動に対する自信にもつながっていた。

このワタン映画祭は、今では映画のみならず芸術全般に興味のあるミャンマーの若者が集まるプラットフォームとなっている。ちなみに、二〇一五年の総選挙で政権をとったアウン・サン・スー・チー率いる政党ＮＬＤの若手議員の中には、この字幕に関する制限を撤廃するために法律を変えようと動いている者もいる。近いうちミャンマー国民が、最新の外国映画をミャンマー語字幕で観ることができる日が来るかもしれない。

理念ではなく……

社会変革期にある国においては、理想や理念を主張するだけではなく、政府や業界など様々な利害関係者との距離を程よく保ちながら、皆が一緒に前に進めるやり方を現実的に生み出すことが重要であると、ワタン映画祭の活動を通して学んだ。そして、こうした公益に資する民間団体と一緒になって国際文化交流のためのプラットフォームを広げ、社会に新たな視点を提供していくことが、国を開放し始めたばかりのミャンマーでは求められていることだとも実感した。

他方、特に文化交流の場合、その事業が一方的なイデオロギーの押し付けにならないように注意しなければならない、と考えさせられることも少なくなかった。民政移管後、特に欧州の国が大使館新設や人員拡充を進めるケースが相次いだ。交流の拡大自体には、ミャンマー政府も自身の変化を海外に伝えるという点で積極的だった。しかし、一部のケースでは文化事業の資金と引き換えに、民主主義やLGBT、少数民族問題など、政治的に繊細なテーマを前面に出したイベントを仕掛けるケースも見られた。

ミャンマー政府は、事業自体の否定はしないものの、歴史的経緯や背景を無視して極端に市民を陽動するような内容に対しては慎重だった（一部映画祭では、日本映画祭のケースを見て、同様に字幕付与を申請したが許可が下りなかったケースもあった）。また国民も、その価値観に共感していたとしても、それを外国から過度に押し付けられることに対しては抵抗感を持っていた印象がある。ちなみに中国が世界各地で展開している孔子学院が、国境を接するミャンマーに一つも存在していないことは、学術機関への外国によるイデオロギー介入を警戒している一端ともいえよう。

ミャンマー国内の団体と一緒に事業を進める際、先ほどの日本映画祭のようにこちらからお願いすることもあったが、彼らの問題意識からスタートするケースも多く、その一例としてASEAN各国の映画祭ディレクターをワタン映画祭に招へいしたことがあった。二〇一四年以降、ほぼ毎年東京国際映画祭へミャンマーの映画関係者に参加してもらってきたが、ワタン映画祭のトゥ・トゥ・シェインが二〇一五年に参加した際、ASEAN各国から来ていた映画関係者と親交を深めたことが、大いに刺激になったようだった。同じASEAN内の国で悪戦苦闘しながら映画祭を続けている同志の話を聞き、様々な共感が生まれたことで、彼らの話をミャンマーの映画関係者にも直接届ける場を設けられないかと思うに至った。

これまでも、映画に限らず様々な事業の中で他国の事例をミャンマーの来場者に紹介することがしばしばあったが、欧米や日本のケースを話しても反応がよくないことがあった。自分たちとは関係のない、遠い世界で起きている話と思われてしまいがちだったようだった。他方、隣国のタイやインドネシア、ベトナムなどＡＳＥＡＮ内の国の話であれば、手の届く範囲の自分事として捉えてもらいやすいようで、ミャンマー政府内の人と話をしているときも、しばしば他のＡＳＥＡＮ諸国での例を聞かれることがあった。

その後ワタン映画祭のメンバーと話す中で、ＡＳＥＡＮ内のネットワークにミャンマーの芸術家や映画関係者が入っていくきっかけづくりができないかということとなった。各国のＪＦ事務所とも連携して人選や交渉を進め、ＡＳＥＡＮ各国の映画祭について伝えるセッションを二〇一八年に開催した第八回ワタン映画祭内に設けたところ、当日は自分の作品を見てもらいたい映画製作者や映像製作を学ぶ学生はじめ、多くの観客が会場に押し寄せた。ＡＳＥＡＮ各国から招へいした映画祭関係者も、初めてミャンマーの実情を見た人ばかりで、トーク終了後も観客たちと話し込み、その後のレセプションでも熱心な議論が繰り広げられていた。

ここでは、いわゆる「日本文化紹介」という切り口での日本映画上映はないし、日本の映画関係者による講演もない。ただ、関係者は皆どこかで各国のＪＦと接点を持っている人達だった。ＡＳＥＡＮ域内は、ほぼすべての国にＪＦの拠点があるため、各国の文化関係者の情報が各拠点に蓄積しており、そこをつなぐことでＡＳＥＡＮ域内でのネットワークをミャンマーにも引き寄せることができた。文化交流とは互いの信頼関係を醸成していくプロセスでもある。交流の輪を広げ、場を生み出すことで、我々日本を含む関係者間の信頼を深めていくことにつながっていく。

〈移行期〉の持つ普遍的意味

似たようなケースが現代美術の交流事業を実施したときにもあった。JFが森美術館と国立新美術館と共催で開催した「サンシャワー――東南アジアの現代美術展 一九八〇年代から現在まで」の調査で二〇一五年にミャンマーへ来たメンバーの中に、フィリピンを拠点に活動するマーブ・エスピナというアーティストが参加していた。

すべての調査終了後、ヤンゴンのダウンタウン、十九番ストリートでビールを飲みながら二人で調査を振り返っていたとき、彼はミャンマーの現状をこんな風に話していた。

「今回初めてミャンマーに滞在してアーティストに会い、いろんなことを知ることができたが、逆に色々と質問も受けた。そんな様子を見ていて今のミャンマーからは、八〇年代後半のフィリピン、九〇年代後半のインドネシアがそれぞれ経験した、軍事政権から民主化への移行期特有の高揚感と、同時にこれまであった制限が急になくなったことへの戸惑いの両方を感じているように見えた」。

「東南アジア各国はそれぞれ宗教も言語も異なり、地理的な区分だけでひとまとめにできない多様性に満ちた地域だ。しかし植民地化の経験を経た独立以降、軍事政権から民主化という共通のプロセスを経てきている面もある。ミャンマーのアーティストが変革期の今、何をしているのかというのはとても興味があったので、今回の調査はとても有意義だった。逆に各国のアーティストが、これまで困難な状況をどのように乗り越えてきたのかという話は、ミャンマーのアーティストにとっても知りたい話かもしれないね」。

日本人の自分では気付かない視点だった。

その後、ミャンマー人のアーティスト、アウン・ミャッ・テイを軸に、月一回のペースでASEANの国から一名ずつヤンゴンへ招くトークイベントが実現する。自らスペースを運営している人や、インディペンデントキュレーターとして活動している彼らをミャンマーへ招き、困難な状況下でどのように表現活動を継続しているのかについて経験を語ってもらった。「何かしたいけど何をしたらいいか分からない」と言っていたミャンマーの若手アーティストらに、ASEAN各国からのケーススタディの共有は、大きな刺激と希望を与えていた。

主催者である我々自身の気付きにつながることもあるのが、交流事業の魅力でもある。ベトナムからキュレーターを招いた回には、興味深い質問があった。質疑応答と言っても、そもそもミャンマーの若者は質問することがあまり得意ではない。というのも、ミャンマーの学校教育では、教師に対して質問してはいけないと教えられてきたからだ。先生が言うことは絶対なので、生徒はそれを覚えればいいというわけだ。

参加学生に再三質問を促したところで出てきた質問が「なぜ、そのようなつまらないことをやっているのか？」という内容だった。彼の中では、キュレーターとはアーティストの手伝い役という程度の認識だった。スピーカーの話を聞いていて、色々と面白いアイデアを持っていると感じ、なぜアーティストにならないでキュレーターなのだろうか、と思っての質問だった。展覧会は、様々な立場の専門性を持った人々が複数集まり、協働して成立しているということを当然のこととして、話をしていたキュレーターにとって、彼からの質問はミャンマーの異なる状況について気付かされた形となった。

確かにミャンマーでは、スペースを持つ美術館やギャラリーが自ら展覧会を企画するケースが極めて少ない。したがって多くのケースで、アーティスト自身が自ら お金を払って場所を借り、作品を展示し、広報もしていた。ミャンマーの展覧会会期は比較的短く、一週間に満たないようなケースも多くて不思議に思ったことがあった。展覧会情報に接したときには既に最終日ということもあったが、会場借料を裕福ではないアーティスト自身が払っているため、長期にわたって展覧会ができない、という事情があることを後で知った。このときの彼の質問はそんなミャンマーの状況をその場にいた関係者でシェアするきっかけとなった。同時にアーティスト以外の立場で専門性を持つ人間がいることで、様々な立場の人間が協働することのメリットや、それぞれの立場でかかわる魅力などに話題が展開していくきっかけともなった。

日本文化に触れる機会自体は、情報技術の発展で世界中どこにいてもますます身近なものになってきている。違法ではあるが、ミャンマーでも最新の日本映画やドラマは、公開後すぐに中国のウェブサイト経由で見ることができる。このような時代に求められる国際文化交流とは何なのかと考えたとき、ミャンマーのような新しい国づくりが進行中である国においては、交流の担い手たちと対話をし、一緒に事業を進めていくやり方が求められていると感じることが多かった。

もちろんここで紹介した事業以外にも、日本文化紹介事業や日本語教育、青少年交流など様々な事業がミャンマーでは行われており、それぞれにニーズはある。日本語学習者に関して言えば近年爆発的に増えており、日本語能力試験（JLPT）の応募者ベースでは、直近（二〇一九年）で中国、韓国、台湾、ベトナムに次ぐ世界五位の六万八千人強の規模にまで膨れ上がっている。ただ、いずれのケースにおいても、ミャンマー側のニーズに応える事業になっているのかという視点は常に忘れないように心掛けていた。

日本とミャンマー双方でお互いへの関心が高まる中、JFは二〇一九年三月に世界で二十五カ所目の海外拠点をヤンゴンに開設した。新しく自らの交流の場を構え、ミャンマー国民の期待に応える事業を日本がどう企画していくか、ミャンマーの未来に国際文化交流が果たす役割はますます大きくなっていく。

ワタン映画祭の一幕（松岡裕佑撮影）

日韓文化交流の最前線に身を置いて——周年事業を例に

武田康孝

筆者がソウル日本文化センターで勤務したのは二〇一二年から二〇一六年の約四年間である。この間の両国の外交関係は一貫して「低空飛行」といえる状況であったが、今振り返れば、そのようななか韓国国内で様々な事業に携わったことは、国際文化交流事業を担う自らの仕事を冷静に見詰めるのには良い機会であった。

本稿では、二〇一五年の日韓国交正常化五十周年に担当した二つの文化芸術交流事業を取り上げ、その事業を行うに至った背景や方向性、そして方法を具体的に記すことで、JFの職員がどのようなことを考えながら事業を行っているのかについてお伝えしたいと思う。なお、帰国から既に四年が経過し、この間に日韓関係はさらなる変化を見せているため、現在のJFの対韓国事業方針と必ずしも一致していない点があることをあらかじめお断りしておく。

韓国人の「日本」観——体感として

筆者がソウルでの勤務を始めたのは、二〇一二年四月中旬。長い冬が終わるのを待ち受けたかのように、

桜、ケナリ（れんぎょう）、チンダルレ（ツツジ）がいっせいに花開くソウルは美しく、大ヒット中の「벚꽃 엔딩（桜エンディング）」という歌がいたるところで流れていたことを、「これから韓国で勤務するんだ」という興奮の混じった感慨とともに記憶している。

筆者と韓国の出会いは、映画を通じてであった。一九九〇年代後半、「シュリ」、「八月のクリスマス」、「JSA」といった映画が日本で公開され、韓国映画の面白さに惹かれていった。二〇〇二年、日韓共催で開催されたFIFAワールドカップ終了直後、旅行で初めて韓国を訪れた際、ソウルの映画館で観たイ・チャンドン監督の「オアシス」に衝撃を受け、このような内容の映画を製作できる韓国という国そのものに自らの関心は移っていった。その後細々とではあるが韓国語を学び、年に一、二度は韓国を旅し、韓国との縁を自分なりに深めていった。当時はまだJFの職員ではなかったが、今考えると、映画という文化の営みがきっかけとなって韓国に興味を持ったことは、その後JF職員としてソウルへ赴任したこととどこかでつながっていたのだろう。

それまで韓国で暮らしたことのなかった筆者にとって、赴任後最初の一年ほどは、毎日の仕事をこなしながら人々と交わることを通じ、韓国において日本や日本文化がどのような存在であるかということについての気付きがいろいろとある時期であった。その頃感じたことを筆者なりに整理してみると、以下のようになる。

第一に、韓国には日本という国を知らない人は一人もいないということ。そして一人ひとりが程度の差はあれ、日本に対して「知らない」、「分からない」という答えではない意見や思いを持っているということ。これは、台湾などごく一部の例外を除けば、実はどの国にも当てはまらない特殊な現象である。

第二に、日本人が韓国という国や韓国人を知る程度に比べ、韓国人が日本という国や日本人を知る程度は量的、質的そして心情的に圧倒的に高いということ。

第三に、韓国の人は、日本に対する向き合い方が多重、多層であること。歴史認識や外交関係の点では日本に対して批判的な人が、旅行で日本をよく訪れ、和食が好きで、日本の小説を好んで読むことも少なくない。この姿勢を「建前と本音の使い分け」「昼は反日、夜は親日」などと批判的に解釈する人もいるが、筆者は、日本という国に対する批判精神と、自身の好き嫌いや価値観とは別物であると割り切っているのだという印象を持った。そしてその傾向は若い世代になればなるほど強いように思われた。

JFの存在感の二面性

筆者にとって幸運だったのは、韓国在勤中、JFの事業の三つの柱である文化芸術交流、日本語教育、日本研究・知的交流のすべてに関わることができたことだった。最初の一年半は日本語教育と日本研究・知的交流を担当し、日本語学習者や日本語を教える中学・高校の先生や、日本の様々な分野を研究する研究者の方々と深く関わることができた。

JFが三年に一度実施している日本語教育機関調査によると、二〇一二年の学習者数は中国に次ぎ二位、人口比で計算するとダントツの多さであった。JFが海外で実施する日本語能力試験（JLPT）の受験者数も、二〇一二年に過去最多の七万人近くを記録した。日本研究の分野では、いくつかの重要な大学に日本研究の研究所を置くための支援を継続的に行い、日本研究フェローシッププログラムで年に十人前後の研究者を日本に長期派遣していた。日本を専門とする人、あるいは日本や日本語に関心を持つ人々にとって、

ＪＦ及びソウル日本文化センターは知名度を有しており、筆者も「ＪＦの職員です」と言えば話が通じるので、仕事をしやすかった。

しかし、二〇一三年十一月に文化芸術交流の担当になり、ＪＦの知名度や存在感には厳しい二面性があることを知った。つまり、文化芸術分野においては私たちが考えるほどＪＦは知られていないという現実である。

二〇一三年から一四年にかけての韓国では、日本文化の当たり年と表現できるほど大規模な展覧会や公演が相次いで開催された。草間彌生展（二〇一三年七〜十月大邱《テグ》、一四年五〜六月ソウル）、スタジオジブリ展（二〇一三年六〜九月）、村上隆展（二〇一三年七〜十二月）はそれぞれ大勢の来場者を集めた。演劇の世界では、日韓合作の「가모메 カルメギ」（ソン・ギウン作、多田淳之介演出）が製作され、権威ある演劇賞で作品賞を受賞、多田も外国人として初の演出賞を受賞するという快挙に沸いた。

しかしながら、上記のどの事業にもＪＦはいっさい関与していない。日本における韓流ドラマの流行やＫポップの隆盛といった現象を含め、日韓間の文化交流においては民間や地方自治体が果たす役割が圧倒的に大きいとは聞いていたものの、自らが担当になって改めてそれを実感したのである。

さらに悩ましいのは、国レベルの文化・芸術交流においても、韓国では他の国のように、日本文化といえば国際交流基金（The Japan Foundation）の名前が自然と導き出されるということがあまりないということである。韓国では、二〇〇二年にソウル日本文化センターが設置される何十年も前から、日本文化の紹介は日本大使館が担ってきた。両国の複雑な関係など様々な事情から、ソウルには現在も大使館の一部署である公報文化院が別個に事務所を構えており、現在でも公報文化院から紹介を受けてＪＦを知る人も少なくない。

多様なアクターが様々なレベルで活発に文化関連事業を実施し成功を収める中、国の外交政策と連動しながら文化交流事業を専門的に実施する機関である私たちは、韓国においてどのような姿勢で臨むべきか。JFは韓国向けの事業方針を毎年立てるが、どのように具体化していくかは各部署、各職員に委ねられている。ソウル日本文化センターで文化芸術交流を担当する日本人職員は筆者一人。色々と考えた結果、自分の任期中は以下の要素を重視しようと決めた。

第一に、日本文化の紹介に当たっては、誰もが想像可能な（典型的な）もののみを紹介するのではなく、日本文化が多様な側面を持っていることを知ってもらうような事業や、日韓両国の人々の交流促進に資する事業に重点を置くこと。

第二に、JF単独で事業を実施するのではなく、韓国側のカウンターパートとともに事業を行うこと。その際、これまでお付き合いのあるカウンターパートを大事にしつつも、日本にあまり関心を持っていない人々にリーチ可能なカウンターパートを新たに探し、日本に積極的に関心を持ってもらえる「顧客」を開拓する努力をすること。

第三に、派手だが瞬間で終わる一発花火的な事業ではなく、何年も継続が可能な、あるいは次の世代に残る事業を考えること。

日韓関係と周年事業

文化芸術交流の担当となった筆者が上司から与えられた最も重要なタスクは、二〇一五年の日韓国交正常化五十周年にソウル日本文化センターとしてどのような事業を企画、実施していくかということだった。日韓の外交関係は、筆者が韓国での勤務を始めた二〇一二年夏、李明博《イ・ミョンバク》大統領の竹島上陸と「天皇謝罪」発言で一気に冷え込んだ。翌二〇一三年に朴槿恵《パク・クネ》氏が大統領に就任した後も、首脳会談が行われないまま時間が過ぎていった。

先に見たように、民間主導の文化を通じた交流は活発に行われていたが、国の文化交流の一翼を担うJFはこの間、それまでの事業を継続しながら、新たな事業を立ち上げることなく淡々と、言い換えれば「ローキー（low key）」で行う状況にあった。外交周年の記念事業は、通常二年以上前から大使館と相談しながら準備を進めていくが、このときは筆者が担当になったあとも数カ月はほとんど何も決まらない状況が続いた。

結論を先に言うと、その後二〇一四年の半ば頃から「突貫工事」でいくつかの事業を立ち上げ、本部の主催とソウル日本文化センターの主催の二面作戦で実施して周年に恥じない盛り上がりをつくることができた。予算が潤沢な本部では特に舞台芸術方面に力を入れた。韓国でも圧倒的人気を誇る村上春樹をフィーチャーした二つの事業（蜷川幸雄演出「海辺のカフカ」韓国公演、「村上春樹の世界――クラシック音楽、ジャズそしてビートルズ」ソウル公演）を実施し、特に前者は全五公演が早々に完売する人気公演となった。

対してセンターでは、先に述べたような自分なりのいくつかの要素を重視し、上司や同僚ともこの方向性を共有しながら事業を企画していった。本稿後半では、そのうちの二つを取り上げ、実施に至る経緯や手法について詳しく記すことにする。

事例（一）　沖縄の文化紹介事業

二〇一五年の日韓国交正常化五十周年記念事業は、沖縄の文化紹介事業から始まった。この事業は、いくつかの偶然が重なり実現に至った。

文化庁では、「文化交流使」事業を実施している。文化交流使とは、日本の芸術家や文化人を世界各国に派遣し、その国における日本文化の理解促進や文化人とのネットワーク形成を強化するための事業で、二〇〇三年度の開始後これまでに百五十組以上が派遣されている。ＪＦのミッションと重なる部分も多く、ＪＦの拠点がある国に文化交流使が訪れる際には、その国での公演やワークショップをＪＦ事業として実施することも多い。

二〇一四年、日中韓三カ国の文化相会合を受け、「自国の中堅・若手芸術家等を一定期間交互に派遣し、実演やワークショップ等を行う」ための「東アジア文化交流使」プログラムが新たに創設されることとなった。日本からは韓国と中国に計五組が派遣されることになり、その一人に、沖縄で活動するシンガーソングライター、池田卓《すぐる》さんが選ばれた。

実は、筆者はかねてより、沖縄の文化を紹介する事業を企画したいと考えていた。韓国ではこの時期、沖縄に対する関心が急速に高まっていた。韓国各地と沖縄を結ぶ航空路線が増便されたことや、韓国の人気ドラマが沖縄でロケを行ったことをきっかけに、二〇一〇年にはわずか年間一万五千人だった韓国から沖縄への観光客数が、二〇一二年には約三万四千人、翌一三年には約八万人と文字通り倍増していた。ソウルの書店にはガイドブックが並び、沖縄関連の書籍も韓国語に翻訳されていた。韓国の人々の沖縄に対するイメージは、「米軍基地が支配する日本南部の離島」から、手軽に訪れることのできる「韓国から最も近い外国のリゾート地」へと大きく変化していた。沖縄ブームが来ていることを肌で感じていた。

このブームをうまく捉え、沖縄を単なるリゾート地としてではなく、本土とは異なる独自の歴史や豊かな文化を有する地域であることを韓国の人々に伝えられないだろうか。その意味で、池田さんが文化交流使に選ばれたのは筆者にとってこの上ないニュースであった。池田さんとは、筆者がソウル勤務になる直前の米国公演でご一緒したご縁があり、沖縄の伝統楽器である三線《さんしん》をベースとした音楽はもちろん、故郷である沖縄、特に生まれ育った西表島への溢れる思いを韓国で伝える事業をいつか行いたいと思っていたのである。

池田さんが交流使に内定したと連絡があった二〇一四年秋、ソウルで沖縄に関する展覧会が開催されるという情報が入ってきた。中心部にある古宮《コグン》博物館が主催し、十二月から翌二〇一五年二月にかけ、琉球王国時代の宝物を日本の各博物館から借り受け展示するという、日本でもほとんど例のない規模の展覧会である。日本文化に関連する催事が実施される場合でもJFの関与がないことが多いのは先に述べた通りだが、この展覧会もまさにその典型であった。

文化交流使と琉球王国の宝物展、これらを有機的につないで沖縄の文化を多角的に紹介する事業ができないか。まず、沖縄で活動する舞台演出家の富田めぐみさんに相談してみた。富田さんのことは筆者がJFに勤める前から知っており、彼女自身ソウルに語学留学するなど韓国との縁も深かった。これまでの経緯と希望日程、予算を伝えると前向きな反応があり、二〇一四年十月、沖縄に出張し池田さんも交え打ち合わせを行った。池田さんのライブと沖縄の伝統舞踊・音楽紹介の二本立ての内容とすることにし、富田さんが全体の構成と演出をしてくれることになった。また、富田さんとともに訪れた沖縄フィルムオフィスでは、同オフィスが製作を支援した短編映画の上映を条件に、公演会場で来場者に試飲・試食してもらうための沖縄のお酒やお茶、お菓子を提供してくれることとなった。

一方、同時進行で韓国内の共催者を探した。韓国と海外各国との文化交流事業を展開する韓国国際交流財団（Korea Foundation）では、海外の文化機関や在ソウルの各国大使館と連携し、その国の文化を紹介するシリーズ事業を年に数回実施していた。相談してみると、シリーズの一回として共催で実施してくれるという。最終的に、ソウルの一等地にあるイベントスペースの無料提供に加え、事前広報や来場者の申込受付、当日の舞台設営や進行スタッフの提供、記録動画の撮影などを行ってくれることとなった。また古宮博物館では、展覧会場入口のロビーにレクチャー・デモンストレーションのためのスペースを確保してくれた。

　こうして、二〇一五年一月下旬に一週間の日程で、池田さんを含む計八人の公演団をソウル日本文化センターで受け入れることを決定した。上記の二回に、センター内で実施する日本語が理解できる人を対象とした「文化日本語講座」と、済州島での公演を加えた計四回の強行軍である。済州島の公演は、日本と韓国のともに離島に暮らす人々がそれぞれの文化に出会うきっかけになればという筆者の個人的な思いがあり、韓国国際交流財団に会場を紹介してもらった。さらに、ソウル日本文化センターが所有する十六ミリフィルムの日本映画のうち、沖縄と関係のある映画の上映会もあわせて行うこととなった。スケジュールと内容が確定したのは二〇一四年十二月中旬、実施のわずか一カ月半前のことだった。

　公演は結果として日韓国交正常化五十周年のキックオフイベントと位置付けられ、韓国で最も寒い時期にもかかわらずどの会場にもお客さんが大勢訪れた。開演前には沖縄の伝統演劇、組踊をテーマとした短編映画を上映。前半では、首里城で踊られた舞踊、当時の庶民が楽しんだ歌や踊り、八重山の島々の民謡がまんべんなく配置された。富田さんの素晴らしい司会進行と有能な通訳により、沖縄が本土とは異なる独自の文化を持っていることはもちろん、沖縄の各地域にも異なる生活と芸能が息付いていることを理解してもらえる内容となった。休憩時間にはスタッフ総出でお茶やお菓子、琉装の着付け体験などでおもてなししつつ、韓国語のパンフレットを配って観光PR。後半は、文化交流使池田さんのライブ。自らの住む西表島船浮はソウルから移動に最も時間がかかる日本だと言って笑わせたあと、「戦争のない平和な世界が一番大事」と祖母に繰り返し言われて育ったエピソードを交えつつ祖母を思う歌を歌い、お客さんを「池田ワールド」に引き込んだ。そして、最後は会場総立ちでカチャーシー。会場を後にする人が満面の笑顔だったのが今でも目に焼き付いて離れない。富田さんの洗練された企画と池田さんはじめ出演者の質の高いパフォーマンスが成功の一番のポイントであったことは間違いない。ただ、韓国の各団体が「わが事業」として惜しみない協力をしてくれなければ、これほどの盛り上がりにはならなかっただろう。

韓国から沖縄への観光客数はその後も増え続け、二〇一五年には年間三十万人、一八年には五十五万人が沖縄を訪れた。この公演がきっかけとなり沖縄の文化に関心を持ち、実際に沖縄に足を運んで本場の芸能に触れてくれた人がいたとすれば、企画者として望外の喜びである。

事例（二）　日韓若手文化人対話

二〇一五年の夏から足掛け三年にわたって実施したのが、「日韓若手文化人対話事業——ともに語り、考えを分かち合う。」（以下「対話事業」）である。

この対話事業は、それまでに経験したいくつかのできごとがきっかけとなって思いついた。文化芸術交流の担当になったばかりの二〇一三年十二月、映画監督の西川美和さんを韓国にお招きする機会があった。筆者は前任の職員と現地職員がすっかり準備してくれたものに乗っかるだけであったが、そのとき実施された西川監督と韓国の俳優、ユ・ジテさんとの対談が印象に残った。二人はともに、それまで一観客として互いの作品をいくつも観ており、初対面とは思えない雰囲気の中で対談は進んでいった。終了後の食事会でも、相手に尋ねてみたいことが溢れ出て止まらないといった様子だった。日韓の映画界を牽引する同世代の二人が共感と敬意をもって互いに接する姿は、何とも形容しがたい感動を筆者にもたらした。

もう一つは、翌二〇一四年の初夏、ソウル国際図書展にあわせ招へいした直木賞作家、朝井リョウさんと女性作家、チョン・セランさんの公開対談である。二人の対談は息の合った楽しいものだったが、筆者には、二人に目のつけどころや共感するポイントに共通点が多いことが印象に残った。それは、同じ小説家だからというだけでなく、ひとりの二十代の若者としてそれぞれの国で経験する楽しみや悩みが似ているからかもしれないと感じた。

こうした日韓の若い世代による対談をシリーズ化し、周年事業として実施できないだろうか。ただ、日韓の文化人による対談は韓国でこれまでにも数多く行われてきており、ＪＦ主催で実施するためには、コンセプトや手法、実施形態を工夫する必要があった。同僚とともに検討を重ねて生まれたのが、この対話事業である。

基本コンセプトと手法は以下の通り。①二十代から四十代半ばくらいまでの日韓の文化・芸術関係者（以下「文化人」）を主催者主導でマッチングし、日々考えていることや相手に聞いてみたいことを自由に語ってもらう。②マッチングに当たっては、活動分野が同じでも違ってもかまわないが、原則としてこれまで直接会ったことがなく、かつ、少なくともどちらか、できれば双方が話してみたいと思っていた人を選ぶ。③韓国と日本の両国で二回、それぞれの国のオーディエンスを前に公開での対談を行う。④対談の模様は後日書籍として出版する。

多少補足説明が必要かもしれない。これまでに対談したことのあるペアの場合、気心が知れていて話が盛り上がる可能性が高い一方で、過去に話したことがある話は大切な話であっても深く掘り下げなかったり、無意識のうちに相手に話をあわせてしまったりする場合がある。また、対談を韓国だけで実施すると、日本の文化人がゲスト、韓国の文化人がホストとして役割が固定され、話が一方的になってしまう恐れがある。予定調和をできる限り排し、適度な緊張感の中から新たな発見を得られるものとするためには、互いにとっていわばホームとアウェーで一回ずつ対話をしてもらうのが適当だと考えた。

ただ、互いの存在を全く知らないと、こちらでマッチングしても当人たちにとって話をする意味を持たない。そこで、西川監督とユ・ジテさんのような、作品などを通じて間接的に相手の存在を知っており、ぜひ一度会って話してみたいなと思う人を挙げてもらい、相手探しをすることにしたのである。書籍化にこだわったのは、国交正常化五十年という節目の年に、次の五十年を担う文化人が何を考え相手と何を語ったのかを本という媒体に「固定」し、未来に生きる人が手にとって参照できるものとしたいと思ったからだ。

そして、実施形態。「対話」と銘打った事業を周年事業として実施するには、日本側が一方的に実施する形態をとるのではなく、韓国側と実施するための枠組みが必要だと感じた。そこで、沖縄公演でもお世話になった韓国国際交流財団の東京事務所に話をしてみると、日本国内で実施する際に発生する費用を負担してくれるという。出版は、日本で韓国の文学作品を精力的に翻訳出版しているクオンが主旨に賛同してくれ、対談者の選定や打診、日本での広報、事業終了後の出版を含め、三者の共催事業として進めていくこととなった。

それまでに直接の交流のない人同士という条件をつけたことでマッチングには苦労し、結果としてすべてのペアがすべての条件に合致するものとはならなかったものの（だがそれはそれで事業を行う醍醐味ではある）、事業のきっかけをつくってくれた西川監督と朝井さん含め、両国の各界の一線で活躍する日韓文化人各五人から参加を快諾いただいた。対話の内容については二人にお任せしたが、それぞれのペアの特性を踏まえ、対談を二人で進めてもらう回、モデレーターが進行する回、対談前に一緒にショートトリップをしてもらう回、相手の出演・演出する作品を見てもらう回など、できるだけ二人が快適な環境下で対話してもらえるようカスタマイズした。クオンからは、対談前か後に書簡をやりとりしてもらうというアイデアが提案され、二人の距離を縮めるのに大変役に立った。また、韓国での実施に当たっては、大手の出版社に企画を持ち込み、いくつかの回で会場提供や広報などで協力してもらった。

対話がどのような内容となったかは、ぜひ書籍をお読みいただければと思う（『今、何かを表そうとしている10人の日本と韓国の若手対談』クオン、二〇一八年）。場所も内容も雰囲気も回ごとにもちろん異なるものであったが、すべての回に共通していたのは、相手の語ることをしっかりと受け止め、理解しようと努力し、自分の言葉で応答しようとする文化人の皆さんの姿勢である。互いの言うことをすべて理解できなくても構わない。その場で真摯に受け止め、咀嚼し、考えたこと、気付いたことを自らの言葉で相手に伝えていく。そのプロセス自体が、対話を重ねる二人はもちろん、来場したお客さんにも新しい気付きをもたらしていく。筆者はほとんどの回に立ち会ったが、どの回も、良い意味の緊張感の中で知的欲求を満たしてくれるエキサイティングな時間であった。

私がいただいて最も悲しい感想は「共感できなくて、つまらなかったです」なんです。私は共感できない本に出会うと、自分の輪郭が少し変わった気がしてうれしいんです。自分の知らない考え、まだ辿りついていない何かがある気がして、もっと読んだり、知りたくなったりしますから。

（『今、何かを表そうとしている10人の日本と韓国の若手対談』二一〇頁）

これは朝井リョウさんとチョン・セランさんの東京での対談で朝井さんが発した言葉だが、この対話事業こそまさに、参加する皆の輪郭線が変わる行為の連続だったように思う。個人的には、二〇〇二年の初めての旅行で韓国に対する関心を持つきっかけとなった映画「オアシス」の主演、ムン・ソリさんが（全くの偶然だが）この事業に参加くださったことが大変うれしく、幸せであった。

筆者は事業半ばで韓国勤務を終え担当を外れたが、対話事業は後任に引き継がれ二〇一七年一月まで続けられたあと、日韓両言語での書籍出版をもっていったん終了した。しかしその後、主催三者の間で今後も続けていこうということになり、現在年一～二組のペースで「対話事業2・0」を実施中である。

＊＊＊

本稿では、韓国で勤務した一人のＪＦ職員がどのような意図や思いをもって文化交流事業を行っているかについて、担当した二つの事業を例にかなり詳細に書いてみた。他に紹介したい事業がまだいくつもある。他方、すべての事業が目論見通りに成功したわけではないし、反省や悔いの残る事業もある。しかし、自分の事業として向き合うことができたものは、結果としてそれなりの成果をもたらしたのではないかと思っている。

日本と韓国は隣国でありながら、歴史的背景から何かとギクシャクする関係性にある。ギクシャクすると、どうしても大きな文脈から極端に語られることが多い。筆者の帰任後、両国の国と国との関係はさらに難しい状況となってしまった。外交政策と密接に関わるＪＦはそのようなときどのような文化交流事業を行うべきか。現在ソウルにいる同僚は色々と悩み、試行錯誤しているに違いない。

しかし、常に大きな文脈に乗っかって文化事業を実施するのであれば、別に韓国に駐在する必要はないだろう。韓国で暮らし、韓国の実状や日本との関係性をよく観察しつつ、自らの立場の限界も自覚しながら、時に大きな文脈に乗らない事業をあえて行う決断をすることも必要だと思う。先達が育ててくれた文化交流の蓄積を踏まえ、次世代、次々世代を見据えた交流の種蒔きを行うこと、それが韓国で国際文化交流を担うＪＦ職員の使命であり、醍醐味でもある。

最後に。韓国で事業を行うに当たってなくてはならないのは、現地職員の存在である。母語並みの日本語能力を有し、平均三〜四年の任期で入れ替わる日本人職員を様々な面からサポートしてくれる彼ら、彼女たちがいるからこそ、ＪＦは外部とのネットワークを維持し継続的に事業を行うことが可能となっている。また、私たちの事業の意義を認め、いつも楽しみながら一緒に仕事をしてくださる有能な通訳の方々の存在なしには、韓国でのＪＦ事業は実現さえおぼつかないと思う。心からの感謝を伝え、本稿を閉じようと思う。

変化の中の日米交流——「助成」の意味を考える

山本訓子

一　はじめに

米国は戦後日本の国際関係において最重要国となってきた。JFにおいても、一九七二年の創設から四十五年間、米国は国別実績額一位を占め、最重要のパートナーの一つであり続けてきた。米国は一国内に複数の事務所を構える唯一の国であり、拠点となるニューヨークとロサンゼルスで分野や地域を分け、全米で文化芸術交流、日本語教育、日本研究・知的交流を展開している。

筆者は、二〇一一年九月から二〇一五年十一月まで、ニューヨーク日本文化センターに駐在し、日米草の根交流・教育プログラムと日本研究プログラムのディレクターを務めた。日米関係というと政治や外交分野をイメージするかもしれないが、ここでは草の根交流・教育と日本研究の二分野に焦点を当て、日米交流を紹介するとともに、支援の主要な手段である「助成」について考察してみたい。

二　日米草の根交流・教育

従来型「人と人との交流」支援からの変容

日米交流の歴史は、一八五三年の黒船来航に端を発し、日本からの移住や移民、そして太平洋戦争の苦難を経て、姉妹都市交流、留学、研修、駐在、旅行など、人と人との行き来、交流が活発に行われてきた。今や日米交流は、民間レベルでも盛んに行われ、官や公が主導するまでもないほど発展している。

ＪＦでは、文化芸術や日本語教育、日本研究といった個別のジャンルに加え、日米センターが日米交流の振興を担ってきた。日米センターは、一九九一年に、日本と米国が対等なパートナーとして世界共通の課題に貢献することを目的に設置されたセンターである。設立時のファンドの運用資金で事業を行い、政府からの交付金は受けないことを原則とする。研究者や実務家による知的交流と、ＮＰＯによる草の根交流を両輪とした。しかし、日本のバブル崩壊以降、ファンドの運用資金が減少の一途を辿り、設立当初と比べると予算は大幅に落ち込んでいる。

草の根交流に関していえば、日米交流が発展した今日、限られた公的資金を年間たった数件の人と人との交流の支援に回す必要性は低い。そこで、二〇〇八年以降、民間では手の及びにくい部分に支援の選択と集中を図ることとなり、従来草の根交流の典型であった日米間の「人と人との交流」への主たる支援を終了し、米国内での日本理解を促進する支援へと大きくシフトしてきた。

米国内の日米交流「基盤」の強化を目指して

広い米国において、限られた予算で最大のインパクトを出すためのプランは、シンプルである。一点目は、米国で日本理解の裾野を広げる「基盤」の強化に注力すること。そこで、ここ十年JFが重視してきたのが、プラットフォームとしてのネットワークや拠点づくり、人材育成、オンライン化／デジタル化などの技術革新である。

具体例を少し紹介すると、▽全米各地の日米協会のキャパシティ・ビルディング、▽東日本大震災後の復興支援の方法や被災地の情報をウェブサイトに一元集約するプロジェクト、▽スタンフォード大学による高校生向けの日本文化・社会オンライン講座、▽サンフランシスコ・アジア美術館やボストン子ども博物館が保有する日本に関する素材のデジタル化と教育プログラムへの活用——などがある。

逆に、教育機関やNPOの個々のニーズや要望には、小規模な支援で応えていく。以上を主軸に据えた上で、二点目は、将来の「基盤」となり得る新たな関係者の開拓、そして、三点目は、既存の日米交流にない新しいアイデアや試みの発掘・支援——である。

個から多へ、ネットワークの力を活かす

現場視察を重ねる中で、肌で感じてきたことがある。担い手の大半を占める小さなNPOは固定的に資金が入ってくる仕組みが弱い。賛助金、寄付金、助成金などが主な収入源である場合が多く、収入の見込みが立ちにくい。その結果、スタッフが雇用できない↓十分な活動が展開できない↓魅力的な助成金申請書が書けない↓収入が入らない↓スタッフが雇用できない——という負のスパイラルで運営困難に陥ってしまう場

合がある。自分たちの支援は、団体運営を軌道に乗せ、一時の助成が終わってからも、自立的に活動を継続できるための支援であるべきだ、という思いを強くした。その際の鍵となるのがパートナーシップ、そしてネットワークである。

ネットワークが力になる、ということを目の当たりにしたのが、全米日本庭園協会の設立である。全米各地にばらばらに点在していた日本庭園が、二〇一一年、初めてネットワークをつくった。地域会議や全米会議を重ねて情報や経験の共有を図るだけでなく、公式ウェブサイトをつくり、ジャーナルを刊行し、数年後に晴れて組織として税法上の法人資格を取得するに至った。法人資格の取得は、今後、助成金などの収入を得ていく上で重要な鍵となる。活動実績が増えるにつれ内外の認知度が高まり、ついにはヨーロッパや本家である日本の庭園さらには庭園協会からパートナーシップ提携や業務連携の話が入るようになった。ネットワーク組織の成功が、メンバーである個別の日本庭園のエンパワメントにつながった。

日本庭園に続く例として、私の駐在中に実った思い出深いケースがJETプログラム同窓会ネットワークである。JETプログラム同窓会とは、日本政府が招へいする外国語指導助手（略称ALT）などのOB・OGを会員とする団体のことで、全米各地に約二十団体が存在する。日本から帰ってきたALT教師は、日本への親しみや思い出があり、地域で日米の懸け橋となれる存在であるが、私が着任した二〇一一年当時、全米各地のほぼすべての団体は有志ボランティアにより運営されており、強固な組織基盤があるとは言えなかった。

長年これらに問題意識を持ってきたのが、ワシントンで日米友好基金の専務理事を務めるペイジ・コッティンガム＝ストリーターである。二〇一一年の着任して間もない頃、ワシントンに出張した際にペイジから、各地のJETプログラム同窓会が運営支援を受けられる助成スキームはないだろうかと相談を受けた。JFや他の財団を見渡してもそのような支援は見当たらない。そう回答したものの、その問いはずっと頭の片隅に残り続けていた。

二〇一二年に入り、助成プログラムの広報プランを練っていた際、ふと、JETプログラム同窓会の全米ネットワーク組織が設立できないか、それがあれば、各地の同窓会組織を強化する好循環が生まれるし、結果として各地の日米交流拠点の強化につながるのではないかと気がついた。受話器を取って、ペイジに電話をかける。新たな構想が可能であれば、日米センターの助成プログラムに申請可能ではないかと伝えた。ワシントンにある全米日米協会連合（全米各地の日米協会を束ねるネットワーク組織）を間近に見てきたペイジにとって、すぐにイメージが湧いたようであった。しばらくして、ペイジが属する日米友好基金が旗振り役となって、JETプログラム同窓会ネットワークを設立する動きが始まった。

ネットワークの設立は、内発的かあるいは外発的かによって様相を全く異にし、その成否も大きく変わってくる。誰／どこが取りまとめ役を担うかという問題もある。既に各地で自発的につくられてきた団体に対して、外からネットワーク化の話を進めるのは、ともすれば合併や買収とも受け取られかねない。一筋縄ではいかないところもあったが、日米友好基金が丁寧に各地の団体との話し合いや会議を続けた結果、JETプログラム同窓会ネットワーク組織が設立され、専属のスタッフも雇用され、二〇一五年に晴れて税法上の法人資格を取得するに至った。

新たなパートナーの開拓――米国中西部・南部地域

草の根交流・教育分野は、北はアラスカから南はフロリダ、西はハワイまで、全米全州を対象としているが、とりわけ米国中西部・南部地域にアプローチする努力を続けてきた。日米交流のパートナーは、外交政策に関わる連邦機関や大学はじめ研究機関の多い東海岸そして西海岸（一般的にリベラル、「青い州」とされるエリア）に多く、中西部や南部（一般的に保守、「赤い州」とされるエリア）の団体が少ない。特に南部は、日本関係の活動を行っている団体が絶対的に少ない。他方、二〇一四年に米国トヨタがカリフォルニアからテキサスへの本社移転を発表するなど、誘致政策もあって、南部に進出する日系企業は増えていた。日系企業が進出すると、現地の雇用が増え、日本語教育の需要が高まり、自ずと日本や日本文化の露出が増えていく。アラバマ州を例に取ると、二〇一三年時点で約百社もの日系企業が進出していた。中西部や南部では各地に存在する日米協会がＪＦの重要なパートナーとなってきたが、さらなるパートナーを開拓していく余地があると感じていた。

二〇一二年、米国国勢調査局が二〇六〇年には米国の白人層がマイノリティに転じるとの予測を発表し、大きなニュースとなった。マジョリティはヒスパニック層をはじめとした有色人種層となる。ちょうどその頃、同僚のルネイから「歴史的黒人大学群（Historically Black Colleges and Universities : HBCUs）」の存在を知らされた。HBCUsは、米国の人種隔離政策下において、黒人学生への高等教育を理念に設立された大学で、米国南部を中心に約百の大学が存在する。ルネイは外国語指導助手（ＡＬＴ）として岩手県に滞在した経験を持つが、日本を含めた「外」の世界を知ることが豊かさにつながること、特に貧困層の子どもたちが貧困の負の悪循環を抜け出すきっかけになるとの思いから、相対的に貧困層の多い南部地域での日本理解教育に熱心に取り組んでいた。

関係者の開拓においては、将来の人口動態変化を見据えていくことも必要である。そこで、HBCUsが、南部地域の新たな拠点やパートナーになりえないか、調査に動き出した。ルネイを中心に、近隣への出張機会があれば大学まで足を伸ばし、ヒアリングを行った。その結果、日本研究や日本語教育プログラムを持っているところはほとんどない一方、日本文化体験などへの関心は高いことが分かった。そこで、まずは日本に触れる最初の機会をつくっていくことに狙いを定め、電話やメールを通じて助成プログラムの広報を重点的に行い、個別のニーズや具体的なアイデアを聞き取りながら、事業形成へのアドバイスを行い、助成プログラムの申請要件を満たすようになれば、申請を奨励するなどしていった。

こうした試みの結果、助成プログラムの奨励項目に"non-traditional audience"を加え、地域や人種のみならず、女性、高齢者など、従来の日米交流の中心的なアクターではなかった新しい層をターゲットに追加することになった。二〇二〇年現在、Black Lives Matterで米国が大きく揺れ動く中、こうした取り組みは今後一層重要性を増していくものと考えている。

三　米国における日本研究

二〇一一年十一月二日の洗礼

私の日本研究プログラムのディレクターとしての仕事は一つの洗礼から始まった。着任してまだ間もない、二〇一一年十一月二日朝のことである。同僚のグラントが困った顔で私の部屋に入ってくる。米国大学向けの助成プログラムへの応募が二件しかなかったのだという。このプログラムは、日本研究を行う中核となる米国の大学などを支援するもので、JFとしても力を入れていた。高名な在米日本研究者によって構成される諮問委員会の助言を得て、年間十万ドルを上限に最大三年間の助成を行うというもので、それまで毎年十件近くが採用されており、競争率も高い。それなのに、二件しか応募がないというのはどう考えてもおかしい。助成事業とは申請があって初めてその役割を果たせるのであり、そもそもの申請がなければ、事業が成り立たない。なぜ申請が少なかったのか。広報が十分ではなかったのだろうか。着任してから新しい職務と生活に慣れるのに精一杯で、プログラムの現地責任者として果たすべき何か重要なことを見落としていたのではないか……。

私たちは、すぐさま諮問委員会に情報共有するとともに、今回申請を諦めたという何名かの大学関係者にヒアリングを始めた。すると、それまで自分にとって一枚岩に見えていた「日本研究機関」や「日本研究」の実態が浮かび上がってきた。

米国における日本研究の発展

そもそも日本研究とは地域研究の一領域である。米国における地域研究は第二次世界大戦を境に大きく発展する。相手国を理解することが戦争や競争に勝利するための最重要課題であった頃に端を発し、戦後、学問としての日本研究が始まったとされる。関心領域は言語や社会に始まり、高度経済成長期から日米貿易摩擦期にかけて、政治、経済といった社会科学分野に推移したが、一九九〇年代以降歴史や文学といった人文科学分野が主流となり、二〇〇〇年代に入ってからはアニメやポップカルチャーといった文化研究が大幅に増えた。

米国における日本研究の発展は、いわゆる「田中ファンド」の寄贈を受けた十大学なくしては語ることができない。「田中ファンド」とは、一九七三年の田中角栄首相訪米に際し、海外における日本研究を振興するため、日本政府が米国の主要な日本研究機関に対し一大学当たり百万ドル（当時のレートで約三億円）のファンドを拠出したもので、ハーバード大学やイェール大学などの十大学が対象となった。日本研究者の雇用や学術会議の開催などを使途とし、諸条件のもと、ファンドの運用と運営は各大学に委ねられた。これら十大学は、以後、半世紀近くにわたり日本研究プログラムを大きく発展させ、米国だけでなく世界の日本研究を牽引してきた。その後、日本研究を扱う大学・研究機関は増加し、二〇一二年時点で日本に関連する主ないしは副専攻の数は全米で三百六十一に上る（大学院を除く）と報告されている。

リーマン・ショックがもたらしたもの

さて、なぜ米国大学向けの助成プログラムへの応募が激減したのか。

実は、米国の経済は、二〇〇八年のリーマン・ショックによって大きな打撃を受けていた。上述のように、「田中ファンド」の運用は各大学に任されており、各大学で運用結果に差が生じていたことに加え、リーマン・ショックによってカリフォルニア州やミシガン州などの州の財政状況は極めて厳しい状況に陥っていた。そのため、十大学の中でも、名門カリフォルニア大学バークレー校を含む州立大学の日本研究の運用資金が他の私立大学に比べて伸び悩んでいたのである。

米国が、一九六一年以降、外国語教育や国際教育、地域研究を推進してきた仕組みに、高等教育法タイトル六条項助成金（Title VI）などがある。日本研究を行う大学には、長年これらの助成金を得ていた大学も少なくなかったが、リーマン・ショックの影響を色濃く受け、二〇一一年度に四十パーセントもの支援の削減を余儀なくされた。これにより多くの大学から悲鳴の声が上がったのである。スタッフ雇用や事業の継続危機に瀕するなどした。

申請件数の激減には、リーマン・ショックが関わっているのかもしれない。世界の日本研究を牽引してきた米国で一体何が起きているのか。自分たちの支援の方法は今の現場のニーズに即しているのか。そして、今後、自分たちは何をすればいいのか。

こうした問いを明らかにするために、カリフォルニアやミシガンを手始めに、機会を見つけては周辺の大学にも訪れてヒアリングをした。また、学会に出席して、登壇者リストに名前のある先生方に連絡し、ヒアリングを重ねた。

新規プログラムの立ち上げへ

ＪＦは助成をシードマネーと位置付けることが多い。つまり、実施者が助成終了後も自立的に事業を継続することが期待され、その精神が各種申請条件に反映されている。米国大学向けの日本研究助成においても、例えば「教員ポストの新設」への支援では、将来の継続性・発展性への証として、終身雇用を前提とし、支援と同額以上の自己資金の拠出を求める。

こうした助成のあり方では、大学側も助成を申請するには相応の資金と将来へのコミットメントが必要となる。リーマン・ショックによって財政的な危機に瀕している大学にとって必要なのは、さらなる拠出が求められる挑戦的なプロジェクトではなく、既存リソースの保持であった。

そこで、私たちは、東京にあるJF本部とやりとりを重ね、新しいプログラムを立ち上げた。これは、事業継続危機に瀕した州立大学や小規模大学などを対象としたもので、自己資金や将来への継続性を一切条件に求めない、新しいタイプの助成プログラムだったのである。

相手のニーズに合わせた助成

以上の出来事を通じて、私は、国際交流の現場の一つとして助成のあり方に対する認識を改めた。助成プログラムは自分たちの軸、いわば「商品」である。同時に、助成とは相手があって初めて成り立つものであり、個々の助成事業を積み重ねていくことで、助成プログラムとしての使命が果たされていく。つまり、「商品」が、ターゲットとする相手のニーズにきちんと合っているかを都度検証する必要がある。また、「営業」して認知を高め、相手との信頼関係を築いて、より高みを目指していく。

着任直後に受けたある種の「洗礼」は、私にとって、このような助成事業のあり方を考える原点となり、その後、助成プログラムを軸に、広報、ヒアリング、モニタリングのため、機会を見つけては大学、研究会、学会に赴いた。そして、そこで得られたものをまた助成プログラムに還元していく。それが米国における筆者の仕事のスタイルとなった。

変容する日本研究の現場から考える――全米アジア学会でのラウンドテーブル企画

リーマン・ショックの影響に対応する新しいプログラムの立ち上げは、米国における日本研究が変化を迎えていることを示していた。諮問委員会でも、リーマン・ショックの影響や対応とともに、日本研究を巡る状況が変わりつつあることが議論された。米国の学術界全体として人文科学がますます追いやられていることや、人口動態も変化していること——例えば、アジアからの優秀な留学生が米国のアジア研究の将来を担いつつある——などが説明される。そこから浮かび上がってきたのは、もはや日本のみを対象とした従来型の一国研究が限界にきており、複数国を対象とした研究やグローバル研究が主流となりつつあることであった。米国における日本研究に地殻変動が起きている中で、JFの日本研究支援はどうあるべきなのだろうか。諮問委員会の事務局である私は、最前線の議論を目の当たりにし、自分たちが次にどんなアクションを取れるのかを考え、様々な示唆や助言を得た。当時の諮問委員会委員長であったイェール大学のダニエル・ボツマン教授は、このような議論をより大きなコミュニティに対して開くべきだとした。

この提案を受け、全米アジア学会（AAS）のラウンドテーブルに申請した。その結果、二〇一四年三月の年次大会で"The Future of Japanese Studies in the US - Challenges and Opportunities"と題したラウンドテーブルが実施されたのである。おそらく日本研究に取り組む研究者たちも同様の危機意識を抱えていたのであろう。会場は立ち見席を入れて百三十人くらいの出席者で埋め尽くされた。理数工系（STEM）重視への警鐘、デジタル化が進む今日における研究手法の変化、エコロジーや混血などの社会イシューを軸に日本研究を周辺分野にも開いていく試みなど、登壇者と出席者から課題や見解が活発に共有された。筆者にとっては、二〇一一年の着任から追い続けたテーマが結実した瞬間でもあった。

米国において日本研究を振興する機関として、実績、情報、ネットワーク、研究者との信頼関係から、JFの存在は揺るぎないものがあり、米国全体の日本研究の状況を俯瞰的に見ることが可能な立場にある。

そのような立場にあるからこそ果たすべき責任があり、そのために、ＪＦは助成プログラムの整備や関心喚起の場を設置するのである。

四　おわりに

日米草の根交流・教育、日本研究への支援を通じて筆者が学んだのは、次の二点にまとめられるだろう。

一つは、ＪＦの仕事は「基盤」をつくることにあるということである。日米関係を発展させるために、大学の日本研究者の雇用を支え、日米交流団体のキャパシティ・ビルディングを行い、教材開発を支援し、新たな関係者を開拓する。つまり、一過性の支援ではなく、相手とのパートナーシップや信頼関係を前提とした長期的な支援を行うことである。それは、例えるならば、日米関係の発展という花を咲かせるために、自ら一本の花を植えるのではなく、将来何本でも花が咲くようにしっかりとした土壌をつくっていくことだといえよう。

もう一つは、支援を通じて、社会に付加価値を与えるようなプロジェクトをパートナーとともにつくっていくことの面白さと重要性である。ＪＦは公的な組織であり、恣意的に支援を行うことはできない。だが、ＪＦの目的や期待の先を行くような、意義深く、未来志向のプロジェクトは存在する。それを同僚や関係者とともに探し、熱意ある人々と一緒につくっていくことは、他ではなかなか得られない経験であろう。そして、プロジェクトの根底にあるこれらの積み重ねが、まさに日米関係の基礎となり土台となって未来につながっていくのだと思う。

この二点は、ＪＦが行う文化交流が現地の社会の中で行われ、現地の人々とともにあることをあらためて教えてくれる。創設以来、ＪＦは単に国際交流イベントの実施だけではなく、助成を主要な手法としてきた。それは、相手国の社会の文脈で、実際に担い手となる組織や人々を支えていくことを目指しているからだ。日本と相手国の間に立って、それぞれに変化する社会状況に大きな影響を受けながら、どのように双方の社会に貢献し還元できるのかを考え、現地の組織そして人々と協働し続ける。そのようなダイナミックな文化交流が米国のみならず、世界の各地で行われているのである。

〈防災国際交流〉で世界をつなぐ

瀧田あゆみ・後藤愛

一　防災と国際文化交流

「防災と国際文化交流」と聞いて、不思議に思う読者もいるかもしれない。これらの間には関係性がないように思えるし、実際、災害発生直後の生命にかかわる緊急時に、国際交流や文化が役立つ余地はほぼない。しかし、東日本大震災後に一段とクローズアップされるようになったように、より長期的な復興過程においては、被災者の心のケアや生きがいづくり、コミュニティの再建をはじめ、「心の復興」も重要な課題となる。災害を経験した地域の人同士が体験を共有・交流することで、復興のノウハウや防災の知恵を学び合う。その過程で参加者同士がつながり、将来の希望を見つけてくれるかもしれない。国を越えた関係から、新たなつながりが生まれるのではないか。これが「防災と国際文化交流」の原点である。

災害の経験を共有した国・人同士の協力・協働は引き続き重要である一方で、災害がいつどんな形で起こるか分からないことを考えると、防災はもはや限られた専門家や経験者だけの課題ではなくなってくる。貴重な教訓をどう普及させ、普段の生活に防災意識をどう根付かせるかも、国際的に共通する課題だ。

幾度となく大災害を経験した日本には、建物の耐震性強化やインフラといったハード面だけでなく、防災や共助についての教育手法などソフト面でも知識や経験の蓄積がある。子どもから大人までを対象に、絵本、映画、ゲームに代表されるクリエイティブで文化的な手法で、経験を語り継ぎ、知見を伝えるアイデアが豊富にあり、「防災＋クリエイティブ」という考え方を体現している。これらを海外で紹介すると、各国の防災関係者からも新鮮さを持って受け止められる。平時の啓蒙の難しさを実感しているからこそだ。このように、日本で培われた知見は、日本国内だけでなく、世界の国々とも共有する価値がある。日本にとっても、交流から得られる他国の経験や知見が、重要な一助となるだろう。

二　事業のあり方

ＪＦが手掛ける災害分野の交流は、二〇〇五年にハリケーン・カトリーナで被災した米ニューオーリンズと神戸の災害を経験した人同士が、復興のノウハウや防災の知恵を学び合う交流から本格化した。以来、ＪＦが文化交流の分野において、防災というテーマに取り組んで十年余りになるが、相互の学び合いのための行き来から始まった交流は、アジアや米国において、クリエイティブで文化的な手法を介在させた防災の知恵の共同開発・展示、教育交流やカリキュラム開発、若者のエンパワメント、多国間の多層的交流に発展していった。

防災という共通のテーマのもと、様々な国で仕事をする様々な担当者が、各地の文化や価値観を踏まえつつ多彩な交流を企画・実施してきた。このような取り組みを通じ、偶然と必然が重なって、ある事業が次へつながり、さらに展開していくといった連鎖が起こり、全体として、国・地域を横断する息の長い取り組みとなったことは、JF事業の中でもユニークなものと言えるだろう。

それでは、文化交流分野において防災に取り組む際のあり方は何だろうか。次の四つを挙げたい。

(一)　「学び合い」を企画すること

防災は、「痛み」は決して共有され得ないという厳然たる前提から出発する。他方、多様な事業の実施から見えてきたのは、世界の各地に特有の「知恵」である。例えば、インドネシアのシムル島では詩におよそ百年前の津波被害の経験が歌われており、この歌詞に親しんでいた住民は二〇〇四年のインド洋沖津波の際、高台に避難し、難を逃れた。このように後世に応用可能な事例は事欠かない。

(二)　常に被災者・被災地の視点に

被災地訪問では、意図せずに現地の尊厳や思いを踏みにじってしまうことがある。一方で、外部の視点だから気付けること、届けられることもある。

(三)　現地に寄り添う防災

災害は、地域や文化的背景、価値観や生活様式により対応が異なるため、日本の知識をそのまま海外に伝えるだけでは真の恢復には貢献しない。このため、関係者同士の交流プロセスの中で、違いを認識し、相互理解を深めながら信頼関係を築くことに主眼を置く。

(四)　持続可能な交流

現地に根付く息の長い交流となるよう企画し、将来へつながる持続可能な交流の仕掛けをつくる。

本稿ではすべての事例及び各事業で多大な貢献をしていただいた数多くの関係者・協力者の方々について、十分に記すことが叶わないことをあらかじめお断りしたい。

三　事例

事例（一）ハリケーン・カトリーナ後の日米復興交流

二〇〇五年八月末のハリケーン・カトリーナによって、ニューオーリンズ市を中心とする米国南部は壊滅的な被害を受けた。千八百人以上の死者、百二十万人近くの避難者、市の八十パーセントが冠水という未曾有の事態だった。同年、当時の在ニューオーリンズ日本国総領事で、後にＪＦの理事を務めた坂戸勝氏（偶然にも神戸出身）がイニシアティブを取り、ニューオーリンズと神戸とが災害経験から学び合う交流事業をＪＦ日米センターで開始した。

阪神淡路大震災からの復興を経験した日本には、多様な切り口から被害や復興の様子が記録され、それに基づいて調査研究が行われることで、災害からの教訓を将来に生かすための専門的な知見が蓄積されている。ニューオーリンズから神戸に来訪した方々は行政対応、都市計画、ミュージアムを通じた伝承について学び、長年神戸の復興を支えてきた方々は米国まで赴き快く交流に参画してくれた。

二〇一〇年一月十七日、阪神淡路大震災から十五年後の地震発生時刻に神戸で行われた追悼行事に参加した時のことは強く印象に残っている。夜明け前の広場には、灯のともった幾千もの竹灯籠が置かれ、その周りに地元参列者とともに輪をつくった。全員で黙禱を捧げたあと、ある来訪者は涙を浮かべ「神戸とニューオーリンズの犠牲者双方に祈りを捧げ、復興を祈った。つらかったが、海を越えて同じ気持ちを共有できたことが癒しとなった」と語った。

ニューオーリンズと神戸の相互訪問や共同研究は四年間続き、その積み重ねの上に、両市の、いずれも大きな被害を受けた五地域の市民が、事業終了後も自発的な交流を続けるための「相互交流協定」を締結するに至った。

事業最終年に交流事業に参加してもらった専門家の一人が、神戸発の「防災＋クリエイティブ」を体現するＮＰＯ法人プラス・アーツの永田宏和理事長だ。同氏は、楽しく学べる防災訓練「イザ！　カエルキャラバン！」や、無印良品の「くらしの備え。いつものもしも。」キャンペーンなどを手掛けた人物である。当初、〈楽しく学べる防災〉には批判もあったという。しかし、震災を知らない世代にも広く伝えることが急務だった。同氏の前向きなコンセプトのベースとなっているのは、被災者一人ひとりの生の声だ。当時どのような状況だったのか、何が役に立ったのか。それをもとに、デザイナーやアーティストと共同開発したゲームや防災訓練を通じて、子どもたちが楽しく学びながら、いざというときに役立つ知恵や技を身につけていく。

生のままではなかなか普及しない教訓を、デザインやアートを介在させることでより多くの人に「伝える」ことができる。この段階で、文化とクリエイティビティが活きる余地がある。この視点は、米国において、最前線の防災に携わる専門家からも、博物館などクリエイティブサイドからも、教育関係者からも、大きな反響があった。文化交流組織であるＪＦとして、その後も「防災＋クリエイティブ」の考え方を主軸に事業を継続していく意義があるのではないかと感じられた。

事例（二）　日タイ防災合同展と大洪水による軌道修正

タイは津波や洪水が多いが、一般に、平時から防災に関心を持つ人は少ない。ニューオーリンズ事業の経験を経てバンコクに赴任した筆者（瀧田）は、タイでも日本の「防災＋クリエイティブ」の視点を紹介したいと考えたが、最初から高い関心を持ってもらえたわけではなかった。バンコクにあるクリエイティブ・デザインセンター（ＴＣＤＣ）に展示の話を持ち込んだ時も、「ＪＦがやりたいなら」と前向きには応じてくれたが、防災のコンテンツというよりは、日本側で関わっている建築家やデザイナーに興味があったのが正直な反応だった。

双方の思いは微妙に違ったが、なんとか協力を進めることで合意し、走り出したところで、日本を東日本大震災が襲った。未曾有の災害に企画は中止となった。さらにその半年後、今度はタイが歴史的な大洪水に見舞われた。灼熱のバンコク近郊が二カ月以上も水に浸かったままとなり、被害は甚大だった。

ようやくタイでの事業を再開できる時期が来た時、タイ関係者の反応は大きく変わった。防災はタイでも喫緊の課題となった。被災したタイ関係者側から積極的に、日本の防災手法を参考に、タイならではの洪水への備えのアイデアを生み出して、日本の防災コンテンツとともに紹介したいとの相談があった。ここから真のコラボレーションが始まった。

こうして軌道修正したタイでのプロジェクトでは、前述の永田氏らを迎え、ワークショップを重ね、二年間かけて、タイ版の防災アイデアを創り上げた。その集大成として、タイと日本の斬新な防災の知恵やアイデアを集めて合同展示した。

ワークショップに参加したゲームクリエイターのラッティゴーン氏は、神戸で開発された防災ゲームのタイ版コンテンツ製作に協力。この経験をきっかけに、その後はJF事業のキーパーソンとしてオーガナイザー側に立ち、他のASEAN諸国での出張ワークショップを行うほどに活躍している。

このゲーム開発も含め、全体を通じて特に重要だったのは、現地被災者の声に基づいたアイデアを取り入れるプロセスだ。日本の地震対策がタイの水害対策にすべて応用できるわけではない。現地の生活文化、経験を踏まえて、両国専門家が相談してタイ版のコンテンツを決める。こうした共同プロセスにより、日タイ関係者は「打てば響く信頼関係ができた」と語る。

事例（三） パーソンズ美術大学での展示とカリキュラム開発

タイが日本とニューヨークをつないだ。偶然にも、ニューヨークに拠点を置くパーソンズ美術大学の教授陣が二〇一五年にタイを訪れた際、当時チェンマイを巡回中だった防災合同展を訪れたのだ。同展は、バンコク展に続き、フィリピンやタイ北部はじめ災害の多い東南アジア地域で実施された防災交流事業の一環で、各地でローカライズされた防災の知恵が展示されていたものだった。パーソンズの教授陣は、同展の社会的意義を高く評価し、ぜひ米国でも紹介したいと連絡をくれた。パーソンズといえば、マーク・ジェイコブス、アナ・スイはじめ、名だたるデザイナーを多数輩出してきた米国最先端のデザイン専門大学である。

当時筆者（瀧田）はバンコクからニューヨークに異動しており、二〇一二年にハリケーン・サンディの大被害を経験してから、ニューヨークでもレジリエンス向上が現実的な課題であると認識し、日本との間で防災交流を行う余地があると考えていたため、パーソンズからの申し出には本当に驚いた。パーソンズでは

「デザインが社会課題の解決にどう貢献できるか」という視点が大事にされており、防災は重要なテーマになり得る、とのことだった。

まず、当時チェンマイを巡回していた日・タイ・フィリピン・インドネシアの四カ国合同展を、マンハッタン五番街、ユニオンスクエアにあるパーソンズのギャラリーで、三年先の二〇一八年秋に巡回展示することが決まった。

さらに、日本や東南アジアの知恵だけでなく、米国の防災のアイデアも集めてともに紹介することを目的に、パーソンズとJFとの協働プロセスとして「防災とデザイン」をテーマとした集中講義を新たに立ち上げることとなった。

パーソンズの建築、プロダクト、照明、工業など十のデザイン学科を擁する環境構築大学院において、学科横断的に全学生を対象としてひとつのテーマに取り組むのは史上初の試みだった。学科長十名のもとに複数の教員がおり、学生は院生・学部生あわせて三百名余り。調整には一年近くかかったが、ついに二〇一七年秋に実現した。折しも直前には、大型ハリケーンが米国南部を襲い、防災への機運が高まっていた。

集中講義では、冒頭、日本の事例を紹介した上で、ニューヨークが過去に経験した「ハリケーン」、「停電」など大規模なインフラ崩壊」、「テロ」を事例に、各分野の教員が学生に「デザインは災害にどう立ち向かうか」というテーマで演習課題を出した。

蓋を開けてみると、各教員の出した課題も、その課題に取り組んだ学生たちの考案したアイデアも、訪れた日本の専門家を唸らせる視点とクオリティを併せ持っていた。例えばある教員は、さっと必要な荷物をまとめて出られるようなグッズ開発を課題として設定した。ハリケーンからの避難時だけでなく、米国の社会問題のひとつ、孤児院の子どもがごく短時間で荷物を小さくまとめて里親間を移動する際にも活用することを見据えてのことだった。これに対し、学生は、ダクトテープでつくる避難用持出袋やTシャツを括るだけの簡易バッグなどを開発した。「身の回りのものを工夫する」という視点は日本の事例からヒントを得たという。ある学生は「自国での災害経験があり、この授業は心に響いた」という。教員は「世界各地からパーソンズに集まった学生が、自身の経験を語り、それを皆が学んだ。彼らの経験を通じて、被災者が真の災害専門家だという日本の考え方が強調された」と語る。

集中講義は、一年目に大変な盛り上がりを見せたので、翌年も続けて実施され、二年間で六百名余りの学生が参加し、その成果の一部が展覧会で紹介された。彼らは、もともと防災に高い関心を持っていたわけではなかったが、各々の専門分野から防災という社会課題に真摯に向き合い、さらには、防災を切り口に日本に関心を持つに至った。この事業に触発された学生二人が、クラウドファンディングで資金を得て、プエルトリコのハリケーン被災地に赴き支援を開始するといった展開もあった。

この一連の取り組みを率いた、ロバート・カークブライド学部長は、「多くの協力者とこの事業に取り組んだことで、我々が現在直面する困難に焦点を当てることが、共感と創造力の源となり得ると学んだ」、「災害は私たちの回復力と人間性を試す。現実に目を向け、災害を経験した人々に耳を傾け、学び、災害の知識のネットワークを拡げていかなければならない」と語る。パーソンズでは現在、同学部長のもと、防災をテーマとした大学独自の新たなコース、副専攻の立ち上げを目指す動きが出ている。

事例（四）HANDs! プロジェクト

「HANDs! プロジェクト」は、二〇一四年にインドネシア、タイ、フィリピン、マレーシア、インド、日本の六カ国で始まり、後年ネパール、ミャンマー、カンボジアも加わり、二〇一七年までの四年間で九カ国計百名の防災に関わる若手プロフェッショナルを育成した多国間人材育成プログラムだ。筆者（後藤）は二〇一二年からインドネシアに赴任しており、日本・インドネシア間の防災交流を手掛けていた。その経験をもとに、タイ、フィリピンはじめ東南アジアでの二国間事業の蓄積を発展させ、多国間の多層的交流と若者のエンパワメントの実現を目指す大きな構想を持った。プロジェクトの形式は「リサーチツアー（学び）＋アクションプラン（実践）」の二段構えとし、フェローと呼ばれる三十五歳以下の若手プロフェッショナルの人材育成を通じて、アジア各地で防災教育の種を広げ、多国間の絆を深めることを目指すこととなった。

リサーチツアーは、アジア各地の現場に根を下ろしている「知恵」を学び合えるよう企画された。例えばアチェでは現地のアーティスト集団がコメディ調の寸劇で子どもからお年寄りまで興味を惹きつつ防災啓発する方法を実際に習い、近隣住民を観客としてフェローたちも上演した。プーケットのマングローブ保護活動視察では、環境保護と津波減災の両輪を回すことが肝要であり、そのためには市民、行政、財団など関係者の垣根を低くすることも重要だと学んだ。

特筆すべきは、選抜された参加者が実際に事業を企画する点である。アクションプランは、参加者がリサーチツアーでの学びを地元コミュニティにプロジェクト実施の形で還元するもので、リサーチツアー後一年間に実施することが奨励された。JF本部のアジアセンターから承認されれば千米ドル相当のシードマネーを得ることもでき、モチベーションを高めた参加者はこぞってアイデアを実践に移した。その行動力には驚くべきものがあった。

例えば、インドネシアの教師とデザイナーのグループは小学校を会場とし、楽しみながら学べる防災教育デーを実施した。またリサーチツアーで大川小学校を訪れて涙したフィリピンの参加者は、参加アーティストと協働し、タクロバンで台風被害を減災するためのワークショップを実施した。リサーチツアーで寝食をともにし、準備を重ねてきた累計百名のフェローたちが国境を越えて連携することで、二〇二〇年までの六年間で三十八件の多様なアクションプランが実施され、アジア各地の現場で計二十五万千七百九十九人、インターネットが基盤のプロジェクトでは百九十一万六千七百十七人に、小さくても強い芯を持つクリエイティブな防災の種を撒いていった。

世界がコロナ禍に見舞われた二〇二〇年。ネパールのフェローからの呼びかけに対し、日本、フィリピン、マレーシア、インドネシアのフェローが、現地の子どもたち向けのオンラインイベントに登場し、各国におけるクリエイティブなコロナ対策を解説し、バーチャル空間から互いの頑張りを鼓舞した。こうした学び合いと連帯の自走はこれからも続き、アジア各地で芽を伸ばし、花開いてくれることだろう。

四　人生を変えるプロジェクト

人に始まり、人に終わる

「国際交流は、人に始まり、人に終わる」。「HANDs! プロジェクト」を企画、実行する過程で、この言葉を象徴する場面に何度も出会った。事業のコンセプトを同僚とともに考え、アクションプランの具体的な中身をフェローとともに悩み、被災者の話を聞いてともに泣き、そしてこの仲間がいれば未来を一緒に創ることができると信じ、走り続けた。

例えば、日本文化紹介型の事業では、日本の素晴らしい文化や面白い文化を紹介することが多いが、防災を含め、共通課題を扱う事業では、負の側面、失敗の側面を直接扱う活動となる。「東南アジアの参加者の底抜けに明るい雰囲気のまま日本の被災地へ入ったら、とんでもないことになる」とアドバイザーから苦言を呈されたり、「被災地の復興とは、経済の復興に加えて心の復興」と言葉では言うが、文化や心に注目することが一体どれだけ被災者のためになるのかと自問し悩んだり、一人の人間として深く考えさせられる局面が多々あった。文字通り、防災は命に関わるテーマだからだ。

そのような大変さを全力でサポートしてくれたのが、アドバイザーであり、同僚であり、またフェローたちでもあった。一人ひとり全員の名前を挙げることはできないが、彼らの尽力なしにはこのプロジェクトの実現は不可能であった。このプロジェクトのオーナーシップはこれらの関係者と共有のものだ。

仕事観にも大きな変化があった。以前は定められた業務を確実にこなすことを仕事と思っていたが、このプロジェクトでデザイン思考、システム思考という枠組みを学んだことにより、仕事の本質は問題発見と問題解決であって、そのツールとしての活動は何でもあり得るというオープンな思考法を発見した。クリエイティブな発想とは、Think outside of the box（箱の外で考えよ、枠組み自体を疑え）であり、VUCAと呼ばれる今日においては災害時のみならず平時からこのような思考をすることは大きな意味があるだろう。これだけの情熱を傾けられるプロジェクトに出会えたこと、そのようなプロジェクトをかけがえのない仲間とともに創れたことに、心から感謝している。（後藤愛）

国境を越える共感の力

カトリーナ事業をきっかけに、阪神淡路大震災の経験を振り返る機会をもらった。当時、中学生だった筆者は、ほんの一分にも満たない揺れで瓦礫と化した駅や通学路、傾いた校舎、焼けた街、そして何よりも、大切な友人の死に遭遇し、それまで意識しなかった人生に対する考えを一気に転換させられた。もっと悲惨な体験をした方、亡くなった方やご家族を思うと無念ばかりが募り、振り返りたくない出来事として心の片隅に追いやっていた。自分は生き残ったのに何もできなかった、という後ろめたさもあった。

二〇〇七年当時日米センター事務局長だった小川忠氏が、私が経験者であることを知って「瀧田さんやってみる？」と機会を与えてくれた。勇気を振り絞ってメモリアルを訪れ、復興に携わってきた方々と会って話をした。現地に行くと心が揺さぶられたが、出会った方々の中に、偶然にも、亡くなった友人のお母さんを取材したことのある新聞記者や、壊れた学校（筆者が六年通い、うち一年を仮設校舎で過ごした）のすぐ近くに事務所を構えるコミュニティ・リーダーがいた。神戸の復興に寄り添い続けた関係者の方々は、目を背けてきた自分さえも、温かく迎えてくれた。

二〇一〇年にニューオーリンズからの来訪者とともに一・一七の追悼行事に出たときには、日米双方の関係者に、JF職員の枠を超えて、自分個人も経験を共有する者として迎えられていることに気付いた。これは、それまで自分の体験が負の経験であって、自分以外の人には意味のないものと考えていた私にとって大きな転換点となった。共有そして共感の力を、本当の意味で実感した。自分の体験を語ってもよいのだと許された気がし、それ以降、自分が経験者であることを隠すこともなくなった。十五年も経って、国際交流という、震災とは一見かけ離れた分野で活きることがあるとは夢にも思わなかったが、ＪＦでの仕事を通じ、災害を経験した人同士の交流や防災の知見の共有といった形で得られるものがあると実感した。

防災交流事業の実施過程では試行錯誤の連続だった。しかし十年余りの時間の経過の中で各地で形を変えて続き、ニューヨークの最先端のデザイン大学の集中講義で採用されたり、「HANDs!」のような、アジア九カ国の若手人材育成事業にまで広がった。私が携わったのはその一端に過ぎず、同僚、事業パートナーの方々、パートナーにつないでくれた方々の力とクリエイティビティによるものだ。言葉に言い表せないほどの感謝の念を持っている。

防災というとてつもなく大きな社会課題に取り組むとき、国際交流分野からできることはごく限られている。毎年のように大規模災害が頻発し、犠牲者が増え続ける事態に途方に暮れることもある。それでも、希望を持って復興、防災に向き合い続ける人たちが存在し、国境を越えた交流から生まれた絆は確かに存在する。災害とともに生きていかなくてはならない時代だからこそ、国を越えた人と人との交流が人々の心に共感を生む。そうした体験を地道に増やしていくことが重要ではないだろうか。（瀧田あゆみ）

コラム　世界の国際文化交流のトレンド

・公共政策としての国際文化交流

グローバリゼーションの進展やＩＣＴ技術の発展により、国を越えた個人や企業の活動や商業ベースでの世界的な文化流通が飛躍的に増大している中においても、世界の多くの国において、公的な資金を用いた国際文化交流活動が活発に行われている。

国際文化交流は、自然発生的な人・モノ・カネ・情報の越境移動とそれに伴う文化接触を意味する「現象としての文化交流」と、公的機関などが文化接触を意図的に推進することを意味する「事業（活動・政策）としての文化交流」とに区別される（報告書『二十一世紀、新しい文化交流を』二〇一〇年）。「現象としての文化交流」が急速に進展し、それが社会の中で様々な摩擦や軋轢を生んでいる現代社会において、世界の主要国の政府は、「現象としての文化交流」の不足を補い、自国及び国際社会にとって望ましい環境を創出するため、それぞれのアプローチで公共政策として国際文化交流を積極的に推進している。

なお、以下では、各国のパブリック・ディプロマシーの動向についても一部触れているが、パブリック・ディプロマシーとは、「伝統的な政府対政府の外交とは異なり、広報や文化交流を通じて、民間とも連携しながら、外国の国民や世論に直接働きかける外交活動」（日本の外務省ウェブサイト）を指す。

二　各国の取り組み

米国

第二次世界大戦後の米国の国際文化交流活動の中核を長く担った政府機関は米国情報庁（ＵＳＩＡ）であった。一九五三年に設立されたＵＳＩＡは、東西冷戦時代には共産圏に対する広報外交に果たす役割を評価されたが、冷戦終結により状況が変化し、一九九九年に解体されて国務省に統合された。ＵＳＩＡではフルブライト・プログラム、学術交流、市民交流、芸術交流などの教育文化交流事業に加え、テレビ・ラジオの国際放送や、海外での「情報リソースセンター」の運営などを行っていたが、一九九九年以降、ＵＳＩＡの機能は国務省の教育文化事業局などいくつかの部門に吸収されて、新たに設置されたパブリック・ディプロマシー・広報担当国務次官の管轄のもとに置かれることとなった。以後、米国においては、文化交流を行う独立した公的機関は存在せず、国務省が直轄で実施している。

二〇〇一年九月十一日にニューヨークで発生した同時多発テロは、米国社会に大きな衝撃を与え、諸外国、特にイスラム圏の人々に米国の文化、価値、社会を理解してもらうことの必要性が再認識された。二〇〇一年十月に広告業界からパブリック・ディプロマシー・広報担当国務次官に転じたシャルロット・ピアーズはアメリカとイスラム世界の対話促進を目指す「共通の価値イニシアティブ」などを開始し、対外発信の強化を図る。その後、二〇〇八年には当時のパブリック・ディプロマシー・広報担当国務次官が、インターネットやソーシャルメディアなどの新しい情報技術の活用を重視する政策「パブリック・ディプロマシー2・0」を打ち出した。

二〇一七年一月に誕生したトランプ政権は、「アメリカを再び偉大な国にする」をスローガンに「ハードパワー予算」の推進を主張し、教育、文化などソフトパワーとみなされる分野の予算の大幅削減を打ち出した。大統領が議会に提出した二〇一七年度の予算教書では、国務省の予算全体で前年度比三十三パーセント減、教育文化事業局の予算の五十五パーセント減が提案された。しかしながら、この削減は、米国のソフトパワーを損なうものとして、米国内の民間の教育・文化関係機関さらには過去の大使経験者などからも大きな反発を招き、議会も大統領案に同意しなかったため、結果的に二〇一七年度の教育文化交流予算は前年度と同等レベルの五・九億ドルが確保された。大統領はその後も毎年、教育文化交流予算の大幅削減を要求し続けているが、議会の反対により、かえって増加しており二〇二〇年度には七・三億ドルに達している。

英国

ブリティッシュ・カウンシルは、一九三四年に設立された英国の文化交流機関である。王立憲章に基づく非営利組織（Charity）であるとともに、英国の外務・英連邦省（ＦＣＯ）が所管する政府外公益機関という性格を持つ。英国の文化的資源を用いて、英国と諸外国の人々の間に友好的な相互理解を生み出すことを目的とし、海外百七十二カ所に拠点を設け、英語教育、芸術、高等教育、市民社会といった分野で活動を行っている。ＦＣＯとの間に運営声明書と財務契約書を取り交わして、運営の大枠を定めている。ブリティッシュ・カウンシルの収入は十二・五億ポンドであるが、そのうち政府補助金が一・八四億ポンド（約十五パーセント）であるのに対し、英語教育・試験収入が全体の約六割に当たる七・二七億ポンドに上る（二〇一八年度）。事実上の国際語である英語の利点を生かし、大きな事業収入を上げているのが特徴である。

英国では一九九〇年代後半以降、自国の対外イメージ改善、国家ブランディングのための政府レベルでのイニシアティブが積極的に行われてきた。一九九七年に四十四歳で労働党党首として首相に就任したトニー・ブレアが「クール・ブリタニア」をキャッチフレーズに現代的で進歩的な英国イメージの発信を打ち出したのを皮切りに、「パネル二〇〇〇タスクフォース」（一九九八年）、「ブリテン・アブロード・タスクフォース（BATF）」（二〇〇〇年）、「パブリック・ディプロマシー戦略会議」（二〇〇二年）、「パブリック・ディプロマシー会議」（二〇〇六年）と矢継ぎ早に形を変えつつ、労働党政権下において、政府全体のパブリック・ディプロマシーの戦略性を高め、組織横断的な連携を図るための試みが続けられた。二〇一〇年に誕生したデイヴィッド・キャメロン首相が率いる保守連立政権はパブリック・ディプロマシー政策の重要性を認識しつつも、大幅な財政緊縮策を取ったため、ちょうどその時期に集中していた国際的な注目を集めるイベント（二〇一〇年：ローマ法王訪英、二〇一一年：ウィリアム王子成婚、二〇一二年：エリザベス女王在位六十周年、ロンドン・オリンピック・パラリンピック）を活用して、限られた予算で関係機関の力を結集し、貿易、投資、観光、留学の促進という外交目的に特化した国家プロモーション「GREATキャンペーン」を立ち上げる。英国のパブリック・ディプロマシー政策が九〇年代以降、上記のような様々な変遷を経て、より短期的な成果を求める戦略性を強める中、ブリティッシュ・カウンシルは、大きな枠組みとして外交政策との連動性を保ちつつ、中長期的に相手国民との関係性と信頼を構築することが、最終的に英国の利益にかなうとして、自らの活動を文化関係（Cultural Relation）と規定して独自の活動を続けてきている。ブリティッシュ・カウンシルの「経営計画二〇一九—二〇二〇」では、戦略的優先領域の筆頭にEUその他先進国との教育的・文化的パートナーシップの構築が掲げられ、二〇二〇年一月の英国のEU離脱後も、文化の領域においてヨーロッパ諸国との関係を維持・強化していくという戦略が表れている。

ドイツ

ゲーテ・インスティトゥートは、一九五一年にドイツ・アカデミーを継承する形で設立されたドイツの文化機関である。主要事業分野はドイツ語教育、文化、ドイツ理解促進の三つであり、全世界に百五十七カ所の拠点を有する。法的なステータスは社団法人であるが、ドイツ連邦外務省との間に活動の大枠を定めた基本合意書を取り交わしているほか、四年毎に定量指標などを設定した目標合意書を締結している。全体予算は四・四億ユーロであり、そのうちの約六割に当たる二・八億ユーロが政府からの補助金である（二〇一九年度）。

現代ドイツの対外文化政策の基礎は一九七〇年代のブラント＝シュミット社民リベラル連立政権期に形づくられた。その理念は、幅広い文化概念、双方向のパートナーシップ、分権的な実施体制を特徴とする。統一ドイツ成立後も、「対外文化政策——二〇〇〇年構想」（一九九九年）、「グローバル化時代の対外文化教育政策」（二〇一一年）といった重要文書が発表されてきたが、メルケル政権下で外相を務めたシュタインマイヤーは、二〇一四年に外交全般の見直し（レビュー二〇一四）を行い、その中で民主主義や人権を実現する積極的対外政策を打ち出し、対外文化政策を重要な柱と位置付けた。その背景には国際社会における権威主義及び反リベラル的ポピュリズムの台頭と人の越境移動の活発化がある。ゲーテ・インスティトゥートは、「ドイツ」を前面に出さず、多様な意見が流通する「場」を提供することで、社会的アクターの国境を越えた連携や協働作業を促す「ポスト国民国家の文化政策」にも積極的に乗り出している。ゲーテ・インスティトゥートのエーベルト事務総長は二〇一九年版の年報に「ヨーロッパにとってのリトマス試験」と題する文章を寄せ、ヨーロッパの連帯は、経済的危機、ポピュリズムの台頭、コロナ禍により危機に瀕しており、文化と市民社会のネットワークこそがヨーロッパの協力関係と団結をより強固なものにすると主張している。

フランス

アンスティチュ・フランセは、フランスのヨーロッパ・外務省と文化・通信省の共同所管の商工業的公施設法人である。九十七カ国九十八カ所に拠点を有するが、いずれも各国のフランス大使館に所属しており、海外におけるフランスの文化芸術活動（舞台芸術、美術、建築、文学・思想、映像）及びフランス語の普及に関連した事業を実施している。所管省庁との間で三年毎に目標達成契約書を締結している。アンスティテュ・フランセは、もともと一九〇七年に外務省によってイタリアに初めて設立されたフランス語とフランス文化の普及を目的とする機関を嚆矢とするが、その後、フランスが展開する在外文化ネットワークは、在外公館、フランス文化センター、キュルチュール・フランス、フランス学院など複数に分かれて展開した。サルコジ政権下の二〇〇九年、当時のクシュネル外相が、海外の文化施設を統合し、自立した公共機関をつくる改革案を打ち出し、二〇一一年一月にアンスティチュ・フランセの名前のもとに一つに統合した。これによりこれまで複雑で見えにくかった文化ネットワークがアンスティチュ・フランセというブランドに統合されてビジビリティが高まり、各国のフランス大使館の文化参事官が全体を統括し、より効率的、戦略的な事業展開を行うことができるようになったと考えられる。年間予算は三千九百三十八万ユーロであり、そのうちの八割強に当たる三千三百六万ユーロが政府補助金である（二〇一九年度）。ただし、各国のアンスティチュ・フランセはそれぞれ財政的に独立した単独施設として運営されるためこの予算には含まれていない。

一方、アリアンス・フランセーズは民間組織として一八八三年に設立され、パリ＝イル・ドゥ・フランス校を本部として、海外におけるフランス語とフランス語圏文化普及の中心的な教育機関として活動してきた。二〇〇七年には新たに設立した「アリアンス・フランセーズ財団」に全世界の統括機能を移管し、実施体制の強化を図った。百三十一カ国に八百三十二の拠点を有している。ただし、海外に設置されるアリアンス・フランセーズは、それぞれの設置国の法律に基づいて独立した法人格を有し、独自の理事会を持つ独立採算性の民間機関として運営されている。アリアンス・フランセーズはアンスティチュ・フランセの協力機関として位置付けられている。

韓国

韓国政府は二〇〇〇年代に入ると韓流ドラマの世界的な人気を背景に、国家イメージの改善に向けたパブリック・ディプロマシー活動の強化を図る。二〇〇二年のサッカー・ワールドカップ日韓共催終了後に韓国政府は国家イメージ委員会（二〇〇九年に国家ブランディング委員会に改組）を設立。さらに二〇一〇年にはパブリック・ディプロマシー元年の宣言を行い、初代のパブリック・ディプロマシー担当大使を任命した。その後、二〇一六年に公共外交法を制定・施行し、公共外交（パブリック・ディプロマシー）を、「国が直接、又は地方公共団体及び民間部門と協力し、文化、知識、政策等を通じて大韓民国に対する外国国民の理解及び信頼を増進させる外交活動」と定義。外交部長官のもとに関係省庁を集めた公共外交委員会を設け、政府内の連携体制を強化している。

韓国の主要な対外文化機関は、文化体育観光部が所管する海外文化広報院と世宗学堂財団、外交部が所管する韓国国際交流財団（Korea Foundation）の三つである。一九七一年に設置された海外文化広報院は、韓国の文化、アート、スポーツ、ポップカルチャーなどを通じた国家イメージ普及のための韓国文化院の運営のほか、コリアネットなどのウェブサイトを通し、韓国の政策、文化、社会に関する情報発信を行っている。韓国文化院は二十七カ国三十二カ所に設置されている。世宗学堂財団は、二〇〇一年に設立された韓国語世界化財団を前身としており、韓国語と韓国文化の海外普及を目的としている。世宗学堂は、二〇〇七年にモンゴル、中国に設置されたのを皮切りに、七十六カ国二百十三カ所にまでに拡大している。韓国国際交流財団（Korea Foundation）は外交部傘下の公共機関として一九九二年に創設され、韓国学振興、人的・知的交流、文化芸術交流事業を実施している。東京を含め七カ所の海外拠点を持つ。収入予算千五百億ウォンのうち、約四割に当たる六百三十八億ウォンが政府からの補助金である（二〇一九年度）。韓国国際交流財団は公共外交法に基づく推進機関に指名され、パブリック・ディプロマシーに関わる総合実施計画の策定支援や人材育成の業務も行っている。

中国

中国は、二〇〇〇年代以降、急速な経済発展により国際的な存在感を増す中で、対外的な文化発信を活発化してきた。二〇〇二年の中国共産党第十八回全国大会において江沢民国家主席は、「今日の世界では、文化は経済、政治と融合し、総合的国力競争における地位と役割がますます重要になってきた」とした上で、「民間外交、対外文化交流を推進していく」と述べた。さらに、二〇〇九年に開催された第十一回駐外使節会議において胡錦涛国家主席は、金融危機以降の世界の多極化の趨勢を背景に、中国は国際情勢の変化に対応する能力を高めなければならないとし、国家指導者として初めて明確に公共外交（パブリック・ディプロマシー）と対外文化交流を中国の外交戦略の一部として位置付けた。

中国の公的な文化機関としては、中国文化センターと孔子学院の二つが挙げられる。中国文化センターは、中国文化・観光部所管の海外における文化活動拠点であり、美術展や舞台公演、レクチャーなどを行っている。二〇〇〇年の時点では、モーリシャス、ベニン、エジプト、フランス、マルタの五カ国にしか存在しなかったが、その後、設置数を急速に拡大し、二〇二〇年現在、東京を含む世界三十四カ所に設置されている。一方、孔子学院は教育部傘下の「国家対外中国語教育指導チーム」（略称「国家漢弁」）を前身とし、二〇〇四年から中国語・中国文化の普及を目的に活動を行っている。同年十一月に韓国ソウルに第一号の孔子学院を設けたのを皮切りに、急速に拠点数を増やし、現時点で全世界百六十二カ国に千七百十一の孔子学院・孔子学堂が設置されている。しかしながら、米国において孔子学院は中国政府との結びつきの強さから学問の自由を侵すとして批判を受け、一時百二十カ所あった米国の孔子学院は八十カ所程度に減少している。

三　新型コロナウイルス感染症への対応

二〇一九年末に中国で最初に確認された新型コロナウイルス感染症は、その後、瞬く間に世界に広がり、パンデミックを引き起こした。世界の多くの都市で、都市封鎖や外出制限が行われ、国を越えた人の移動や大人数のイベントを行うことができなくなった。この状況に国際的な文化交流を行っている各国の機関は、「リアル」な交流事業や文化事業を中止し、オンライン事業に切り替えることで対応した。

その中でも、ドイツのゲーテ・インスティトゥートは、ネット上に直ちに、コロナ後の文化・社会的な影響に関する各国知識人の対話フォーラムや世界のどこからでも文化コンテンツをアップできるKulturama.digitalというプラットフォームを立ち上げるなど、ユニークな活動を展開している。コロナの余波がこの先いつまで続くのか、今の時点では予測することは難しいが、今回の出来事は国際文化交流のあり方や手法を根本的に問い直す契機となることは間違いない。

ウィズコロナ・アフターコロナの時代に、「事業（活動・政策）としての文化交流」をいかに効果的に実施し、国を越えた人のつながりと信頼を築くか、各国の機関はその真価が問われる時が来たといえよう。

（小島寛之）

第三章

歩きながら考える

ウズベキスタンにある日本人抑留者の墓地（栗原毅撮影）

日本文化は本当に中国で受け入れられているのか

久保田淳一

一　二〇一六年当時の実感

中国駐在中の二〇一六年、ある日本の媒体から「日本文化は本当に中国で受け入れられているのか」というタイトルの特集に寄稿を求められて、私は「おそらくは読者の想像以上に、日本文化は中国の人々の間で浸透している」、「特に都市部に暮らす若い世代にとって、日本文化はもはや日常の一部と言ってもよいかもしれない」と書いた。その時点までに中国に四年間駐在し、現地の文化動向を追い続ける中で、文学、映画、音楽から、漫画、デザイン、建築、和食、バラエティやドラマといったテレビ番組に至るまで、日本文化はもはや中国の人々にとって身近な存在といっていいと感じていたことを踏まえてのことだ。

しかし、その時は紙幅の関係もあり、ある種先達の探究に根拠を委ねる形となり、実感の背後にある現地の状況を詳しく紹介することはできなかった。本稿では、四年前と同じテーマに、当時とは違う仕方でもう一度アプローチしてみたい。

二　「本当に？」の背景にあるもの

「日本文化は中国で本当に受け入れられているのか」というタイトルには、どうも「本当は受け入れられていないのでは？」、「そんなにうまく行くはずはないのでは？」という含みがあるように感じられる。

当時の特集の巻頭言には、訪日観光客数が毎年過去最高を記録し、多くの日本製品や日本の様々な「文化」が中国に持ち帰られるようになっている中、「日本文化があたかも多くの中国人に浸透しつつあるような報道が見受けられるが、果たして真実か。今回の特集では、中国における日本文化のリアルな現状をお伝えしたい」と書かれており、その行間には当時の「報道」が捉えきれていない（はずの）側面の存在や、日本からの見え方と中国国内の状況との間にある（はずの）ギャップが示唆されているようだ。

ちなみに、この特集企画を担当されたのは日本の地方自治体から派遣されて北京に駐在している方々で、現地のこともよくご存知だが、文化だけを仕事にされているわけではない。企画者が感じていた（であろう）ギャップは何に由来していたのだろうか。

企画側の脳裏にあった可能性が高いのは「日中関係の難しさ」と「中国の政治体制」、そしてそれらが文化の往来に与える影響である。二〇一二年九月、日本政府による尖閣諸島国有化を受けて中国で発生した反日運動は、日中関係が劇的に悪化した事例として記憶に新しい。当時、事件の影響は政治・経済の次元のみならず、文化の領域にも及び、同月二十二日の朝日新聞に掲載された『1Q84』も撤去　北京で日本関係の出版規制指示」と題された記事は、北京市当局からの指示を受けて「（北京）市内の書店からは日本人作家の本が消えつつある」と報じた。さらに同月二十八日には、『１Ｑ８４』の著者である村上春樹氏が同じく朝日新聞に寄稿し、「中国の多くの書店から日本人の著者の書籍が姿を消したという報道に接し」ての憂慮を表明した（「魂の行き来する道筋」）。冷静な対応を呼びかける村上氏の言葉を受け止めながらも、一連の記事にショックやネガティブな印象を覚えた人が多かったものと思われる。当時の私もその一人だった。

ここまでインパクトのあるニュースでなくとも、普段目に入るニュースや報道の中には不穏な情報が少なくない。筆者の手元のクリッピングから拾っただけでも、中国では文化コンテンツの海賊版が横行しているらしい、中国は学問の自由を侵害しているらしい、中国では外国映画の輸入に規制がかかっているらしい、中国ではFacebookやTwitterに接続することができないらしい、ある作家の著書が中国で発禁処分になったらしい、中国で研究者やジャーナリストが拘束されたらしい……といった具合に、具体例は枚挙にいとまがない。

制度化された規制は外からは見えにくく話題に上がることも少ないが、仮に研究者や中国人作家の著作などで事情を知ったとして、ポジティブな認識は生まれそうにないし、実体験があればなおさらである。本稿の内容に関連する範囲で触れるにとどめるが、例えば書籍の出版の場合、編集プロダクションは出版社と協力して政府機関が発行する「書号（ISBN・書籍コード）」（年間で出版点数の上限が決まっているらしい）を取得した上で、内容の事前審査をクリアしなければならない（事前審査＝検閲については、二〇一三年に小説家の余華氏がニューヨーク・タイムズのコラムに寄稿した文章が興味深い（「中国の検閲制度の諸相」））。演劇やダンス、コンサートなどの舞台公演、美術やデザインなどの展覧会、映画上映会、講演会や学術シンポジウムといった文化イベントを開催する場合にも、ほぼ例外なく所管する当局の許可が必要である。規制の多くが同じ形で日本にないこともネガティブなイメージを一層助長しやすい。

三　中国における日本文化の受容状況

ごく大まかにいっても、上述のような難しい状況がある中国で、日本文化はどの程度受容されているだろうか？

実は、先に紹介した朝日新聞への寄稿の中で、村上春樹氏は「東アジア文化圏」の成熟ぶりに感慨を持って言及してもいる。村上は、依然として海賊版をはじめとする個別の問題は残されているものの、過去の劣悪な状況が最近では著しく改善し、「そのマーケット内では今では、音楽や文学や映画やテレビ番組が、基本的には自由に等価に交換され、多くの数の人々の手に取られ、楽しまれている」と述べている。すべてのジャンルを網羅することはとてもできないが、まずは文学以外にも様々なジャンルを扱う書籍に注目して、中国における日本文化の広がりを概観してみたい（以下、本項内敬称略）。

日本関連書籍の広がり

私自身は一二年九月の実際の状況を自分の目で見ていないので分からないが、文学をはじめとする日本関連書籍は普段、中国の書店で目立つ位置に平積みになっており、その人気ぶりを見て取ることができた。

村上春樹の著作の中国語（簡体字）版を出版する編集プロダクションの一つである新経典文化股份有限公司（THINKINGDOM：新星、南海などの出版社と協力）の中国語版ホームページ（http://www.readinglife.com/）を開くと、目に飛び込んでくるのは、村上以外に宮部みゆき、黒柳徹子、岩井俊二、川端康成、安野光雅、いわ

表　理想国が翻訳出版した日本関連書籍の例

著者	著書名（原著名）
綿矢りさ	『勝手にふるえてろ』
三浦しをん	『風が強く吹いている』
石田衣良	『4TEEN』、『6TEEN』
司馬遼太郎	『城塞』、『新史 太閤記』、『国盗り物語 織田信長』他
荒木経惟	『写真ノ話』、『荒木経惟 トーキョー・アルキ』
篠山紀信	『決闘写真論』＊
杉本博司	『アートの起源』、『現な像』
小林紀晴	『写真学生』
横尾忠則	『ぼくなりの遊び方、行き方：横尾忠則自伝』
星野道夫	『悠久の時を旅する』
飯沢耕太郎	『写真的思考』
伊東豊雄	『「建築」で日本を変える』
隈研吾	『反オブジェクト：建築を溶かし、砕く』他
中村拓志	『恋する建築』
藤本壮介	『建築が生まれるとき』
西岡常一	『木のいのち木のこころ〈天・地・人〉』＊
原研哉	『デザインのデザイン』、『白』他
深澤直人	『デザインの生態学：新しいデザインの教科書』＊
柳宗悦	『民藝とは何か』、『工藝の道』他
與那覇潤	『中国化する日本』
鶴見俊輔	『戦時期日本の精神史：1931～1945年』
小熊英二	『生きて帰ってきた男：ある日本兵の戦争と戦後』

出典：理想国ホームページ（https://www.ilixiangguo.com）　＊は共著

さきちひろの面々の顔写真であり、他のページには東野圭吾や是枝裕和、五味太郎の顔も見える（二〇二〇年三月三十日閲覧）。彼らは日本の作品だけを扱っているわけではなく、「千四百名以上の国内外の著名な作家」と協力関係にあり、「四千以上の作品」を出版し（五十以上のベストセラーを出し）、「延べ二億人以上の読者」を獲得しているとのことだが、中国でもベストセラーとなっている村上（『ノルウェイの森』以外にも中国で大ヒット作多数）、東野（二〇一七年時点で四十五作品が出版され、累計売り上げは千六百万部以上）、黒柳（特に『窓ぎわのトットちゃん』は中国で一千万部の売り上げを記録）ら日本人作家の作品に特に力を入れていることは間違いない。

新経典と並んでその名を目にすることの多い理想国（imaginist：広西師範大学出版社と協力）は、文学以外にも、写真、建築、デザインから、歴史学や社会学などの研究者による著作まで、幅広い分野／世代の五十名以上の作品を翻訳・出版している（二〇年三月三十日、同九月十九日閲覧）。歴史といえば、理想国が、講談社の『中国の歴史』全十二巻中、第十巻までの中国語版を出版したのは、私の駐在中の出来事だった。一九二〇年代以降を扱った第十一巻、日中計六人の著者が原稿を寄せた第十二巻が出版されなかったのはおそらく上で述べたような検閲の関係と思われるが、理想国のラインナップからは日本文化がかなりの量と広がりをもって受容されている様子が見て取れる。

中国でのＪＦの活動

もう一つ別の視点——市場とは異なる動き方もする私たちＪＦの立ち位置——からも、日本文化の受容状況の一端を垣間見てみたい。新しい作品にもオープンで、柔軟な感受性を持つ読者や観客を背景にして編集者やプロデューサーは動いているが、JFは彼らとのコミュニケーションの中で把握した文化動向を踏まえつつ、個別の企画に関与している。

既に見た通り、経済的な発展や市場の成熟、インターネットの普及とあいまって、中国の人々は多様な作品に手を伸ばしやすい状況にある。彼／彼女たちは自宅で本を読んだり、携帯で動画を見たりするばかりではなく、講演会、展覧会、舞台やコンサートといったイベントに参加し、時には日本まで足を運びもする。事実、JFの事務所、北京日本文化センター（以下「センター」）には数多くの要望が寄せられ、私たちが関わった企画にもたくさんの人たちが参加してくれた。

最大の例外は、尖閣問題が起こった二〇一二年九月以降の半年間だった。この年は日中国交正常化四十周年に当たっており、私たちも事業をいくつも準備していたが、そのほとんどが延期（最終的には中止）となった。この半年の間、センター内で行う小ぶりな事業こそ継続できていたものの、中国側の機関から「いっしょに何かやりましょう」と声がかかることはほとんどなかった。このことも政治が文化の領域まで影響することを示す一例である。

とはいえその後、状況は少しずつ改善していく。一三年三月、前述の新経典文化との共催で、北京と上海で行った『村上春樹　雑文集』簡体字版の出版記念イベントでは、同書の翻訳を担当された施小煒先生、『村上春樹のなかの中国』などの著作もある藤井省三先生をお招きし、対談をしていただいた。文化交流事業もまだ低調だった時期を経て、ゲストのお二人、新経典のスタッフと温かい雰囲気の中で仕事ができたこと、そして来場者からポジティブな反響を得られたことに救われる思いがしたことを覚えている。

またその三ヵ月後には再び新経典文化とタッグを組み、「戦後日本――時空を超える小津安二郎」と題したイベントを共催。新経典は映画監督・小津安二郎生誕百十周年に当たるこの年に小津監督のエッセイなどを収録した『僕はトウフ屋だからトウフしか作らない』の簡体字版を刊行するタイミングで、ＪＦは年末に小津作品の特集上映事業を控えていたタイミングで、日本映画専門家の王衆一さん（雑誌『人民中国』総編集長）に講演していただき、好評を博した。

二〇一五年三月、映画「君の名は。」が日本で劇場公開され、大ヒットとなる約一年以上前にセンターで開催したイベント「新海誠展――劇場映画にみる新海誠の世界」には、入場制限を設けなければならないほど観客が来場した。この展示で取り上げられたのは「君の名は。」以前の四作品だったが、この時点で中国に多くの新海作品のファンが存在していた（同作の中国公開は二〇一六年十二月）。来場者たちは作品を「消費」するだけでなく、絵コンテ、キャラクター設定、作画（レイアウトや原画の複製）など、作品の製作過程にも関心を向けていた。この展覧会はその後二〇一七年までに計十都市（北京の他に、南京、西安、重慶、深圳、武漢、長春、天津、成都、厦門）を巡回することになる。

ドキュメンタリー映画監督、故、小川紳介作品の回顧上映イベント、同じくドキュメンタリー映画監督、想田和弘作品の特集上映と、監督ご本人をお招きしてのトークイベントは杭州亜州青年電影節（ＨＡＦＦ）の責任者（大学院生）からの熱心なオファーをきっかけに実現した。ダンサー・振付家の山田うんさんによる『ディクテ』の公演、バンド・サンガツによる南鑼鼓巷戯劇祭でのステージ『小さきもののために』はともに北京の民間小劇場・蓬蒿劇場のプロデューサーのオファーから始まった。同僚が担当したマームとジプシー『カタチノチガウ』の北京フリンジ・フェスティバル（北京青年戯劇祭）での公演は同フェスティバルのプログラム・ディレクターによるセレクションによるものだった。

私自身、すべてのイベントの現場に立ち会い、どの会場の反応もすばらしかったが、なかでもマームの公演に寄せられた反応はとりわけ印象に残っている。現地で中国の観客と一緒に舞台を目撃した演劇ジャーナリストの徳永京子氏は帰国後「マームの初の北京公演は、客席の集中力と反応という点で、掛け値なしに成功したと言える」とレポートしている（「マーム北京公演と中国演劇の胎動」）。

四　国際文化交流の射程

本稿で提示した内容は言うまでもなくごく限られたものであり、冒頭の問いに答えるにはまだまだ不十分である。さしあたっての結論を出すならば、①二〇一〇年代という比較的長いスパンで捉えるとき、日本の文化は量的にも質的にも、またジャンルの多様性と空間的な広がりを持って中国で受け入れられている、それと同時に②文化は確かに政治の影響は免れ得ないが、時間の経過とともに徐々に元の状況に戻る、という二点にまとめられそうである。政治の影響が想像より大きくないと思われた読者がいるとすれば、それは書籍の読者やセンター事業の参加者に二十代から三十代が多く、政治からの距離が相対的に――あくまでも相対的に――遠いことがその理由として挙げられるかもしれない。

私たちJF職員は普段、文化動向をフォローしながら事業を企画するとともに、事業で見えてきたことをさらに動向把握のプロセスにフィードバックする作業を繰り返し、時に（本稿のような形で）その中で得られたデータを使いながら、海外での日本文化の受容状況を日本国内に向けてレポートする。それは、一つには海外の人々が抱く対日イメージや対日認識の一端を可視化する行為であり、もう一つには海外と日本との間にどの程度「共感」の回路が開いており、お互いに間にどの程度「想像力」が働くか——再び村上春樹氏の表現を借りるならば「魂の行き来する道筋」がきちんと維持されているか——を推し量ろうとする試みであると、私は考えている。

特に前者に関しては、ＪＦの最終ゴール「良好な国際環境の整備並びに我が国の調和ある対外関係の維持及び発展に寄与すること」（独立行政法人国際交流基金法第三条）との関係で、ＪＦ職員が自ら発信するだけで終わることなく、社会学や国際関係論などの研究者との協働の中で検証され、精緻化されることが必要である。その結果を精度の高い形で研究教育のための知的インフラ（公共財）として、また我々自身の対外認識をアップデートしていくための素材として提供するところまで、今後たどり着きたい。

異なるルーツを持つ隣国同士の絡み合い——日本とロシア

高口真法

タナカの出張

ロシアとの文化交流を巡り浮かんできたもやもやは次の二点だ。一つは、自分が日露文化交流の特徴だと考えている事象は、実は他国と比較する知識がないだけで、日・インドネシアにも日・メキシコにも共通してはいないだろうかという疑念。自信を持ってこれぞロシアだ、と言えるような例示が必要となる。もう一つは、どの国や地域にも中央と周縁という関係性は存在するとしても、十一の時差帯と数多くの民族から構成される巨体のほぼ西端に位置する首都モスクワでしか勤務していない私は、「ロシアで仕事した」と名乗りつつも視点が限定されている。これをあらかじめお断りしたい。

本書に「インドのIT人材」を寄稿した田中洋二郎は、彼の地で留学、勤務経験のある同僚で、私はロシアで二度彼の出張を受け入れたことがある。私は常々、世界の他の地域、特にロシアと文化的関連性が薄い国々に慣れ親しんだ人にロシアがどう見えるのか興味を持っていた。

最初の出張は、十月末のモスクワだった。雪が降り始め足元が悪くなる頃である。その日、モスクワ日本文化センターは総出で、ロシア各地ならびに近隣の旧ソ連諸国から四十名に上る参加学生・随伴教師を招いて毎年開催している、モスクワ学生国際日本語弁論大会という行事を運営していた。

つながりが深いはずの旧ソ連諸国とはいえロシアはあくまで外国であり、初めて国外に出たという人、大都会のタクシー運転手に簡単に騙されるような極めて素朴な人も多く、参加者らのケアや催しそのものの進行で余裕を失っていた私は、夕方着陸する田中を誰かに迎えに行ってもらうことも手配できず、また、空港から宿への行き方すら満足に説明できないままだったが、とりあえず夜ホテルロビーで会おうということにしてあった。暗い中疲れて地下鉄駅から「北京ホテル」（モスクワには、ソ連時代の友好国の名を冠した施設や通りがいくつもある）までとぼとぼ歩く私は、自分とほぼ変わらぬ歩幅、リズムで並行する人間に気付き、顔を上げた。田中だ！　田中は私のいい加減な説明を道ゆく人への質問で補い、無事ホテルまでたどり着いたのだった。

彼は、日本語弁論大会にあわせてロシア・旧ソ連諸国の派遣先から集まった「日本語専門家」（自ら教師として日本語を教えるのみならず、任地における日本語教育の総合的発展のために派遣しているプロのことを、ＪＦではこう名付けている）の会議をＪＦ側代表として仕切り、所属先での苦しさや悩みを吐露して涙まで流す日本語専門家を励まして帰途についた。「いやあ、ロシア面白い！」そう言う田中に、ロシア人でない私もなんだか嬉しくなったのだが、一体ロシアの何が面白いのか、これから少しでもお伝えできれば嬉しく思う。

なお、田中二度目のロシア出張は、年末、日本海に面する港町ウラジオストクだった。田中は外に出るたび「寒い、寒い」を繰り返した。具合が悪いのかと心配したが、どうやら体調そのものには問題なく、冬支度もきちんとしていて、現地在住の人にも私にもそれほどでもない日なのに、一人だけとにかく冷えているらしい。程なく、体がインド慣れするとこういう副作用があるのかと合点がいき、寒冷地仕様になった自分が将来灼熱の大地で朦朧とする様を想像した。

北国の漂流民

日本との文化的結びつきという角度からロシアの現代を紹介するにしても、何らかの歴史的経緯や蓄積から始めた方が、つながりが見やすいとすると、まず言えるのは、ロシアは二十世紀に体制転換を二度経験している国の一つだ。植民地宗主国からの独立、革命など大きな変革を経ている国は多いが、これが短期間にかつ内発的に二度起こると自らを否定し続けているようなもので、それなりにダメージとなって効いてくるのではないかと思われる。しかし、これをもって発想転換の豊かさと捉えるか、進取の気風が醸成されたとでも考えたりすれば問題ないのかもしれず、実際、それぞれ否定され塗り替えられてきたはずの、帝政期からの建物や儀式の復刻や、ソ連風デザインをレトロな感じを出すために若干美化して取り入れる余裕を見せているのが二十一世紀ロシアだ。

転換前の体制、すなわち皇帝が治めていた頃のロシアと日本の間には、日本史の教科書に出てくる幕末の欧米列強との出会いの前から、それほど薄くない関わりがあった。遠く欧州から到来したスペイン・ポルトガルの宣教師、オランダの商人などとは反対に、日本の船が難破・漂流したことによって、記録に残るだけでも何人もの漁師や船乗りが大陸に登り、既に領域を東方に拡大していたロシア人と接触した。

なかには、ユーラシア大陸を横断してフィンランド湾に接する当時の首都ペテルブルクまでたどり着き、日本語や故郷の習慣について教えるようになった人もいたという。住み慣れぬ気候の厳しさや一万キロ以上に及ぶ距離をものともしなかった漂流民と、それを助けたロシアの人々が、現在ロシアで行われている日本語教育・日本研究の源になっているとすれば、会ったことのない当時の人々、そして実際に大陸を走破したであろう、馬車馬やそり引き犬、河船の舟こぎたちにも敬愛の念を抱かざるを得ない。過去に日本語教育分野での業績によって国際交流基金賞、国際交流奨励賞を受賞した大学が所在するサンクトペテルブルク、ウラジオストク、モスクワといった都市のほかにも、公的に日本語を学ぶことができる教育機関はソ連崩壊後ロシア各地に広がりを見せた。

漂流民と関連する地域としては、十八世紀にアジア諸国事情を扱う図書館、次いで研究所が設置された首都ペテルブルクは当然としても、オホーツク海の潮に導かれて漂流民がたどり着いたカムチャッカや、欧州側から勢力を拡大してきたロシア人が現在の版図の右半分に当たる東シベリア・極東開発の基点として開発し多くの漂流民も滞在した都市イルクーツクで、現在も優れた日本語教育が行われていることには運命的なものがあるのではないか、とも思う。

悪人が描く日本

幕末の開国以降、日本とロシアは様々な方面で緊密になるが、文化を通して日本理解を促進するというJFの任務に関連させると、まず取り上げたい分野は、文学だ。

ロシアでは優れた日本文学翻訳者が活躍していて、古事記や源氏物語といった、古典を通り越して日本の古代・中世を代表する歴史書や文学まで読まれているし、現代文学が書店で平積みになることもある。ただ残念ながら、相手国でどれくらい読まれているかという尺度で日本とロシアを測れば、ロシア側に軍配が上がると言って差し支えないのではないかと思う。トルストイ、ゴーゴリ、ツルゲーネフ……世界文学全集に何人も入る作家たちが盛んに邦訳され親しまれるようになったロシア文学の中でも、ドストエフスキー作品は二十一世紀になってから『カラマーゾフの兄弟』の新訳がヒットし話題になった。

しかし、今般、意外な形で日本について読まれるようになる巻き返しも期待されている。三島由紀夫の翻訳者としても知られる国民的作家の一人ボリス・アクーニン氏は、日本専門家としての背景を持っているだけに、十九世紀後半を舞台にした人気推理もの「ファンドーリンの冒険」シリーズでは、主人公ファンドーリンに元日本駐在の外交官としてのキャリアをまとわせたり、日本人の補佐役を配して活躍させたりしている。シャーロック・ホームズに欠かせないワトソン氏がメインになった作品があるかどうかは承知していないが、アクーニン氏は二〇二〇年、人気キャラクターであるこの日本人「マサ」を主人公に、日本を舞台にしたスピンオフ小説を出してしまった。しかも、まずは日本をイメージさせる音楽が備わったオーディオブック版、次いでロシア語話者に日本文化の背景を解説する豊富な脚注をつけた文書版までつくる入念さである。

お気付きの方もいらっしゃると思うが、アクーニン氏のペンネームは、「悪人」のロシア語風読みからつくられている。その悪人は二〇〇九年に、長年ロシアで日本理解を促進してきた功績を称えて叙勲され、国際交流基金賞も受賞している。ペンネームから連想される姿とは異なり、ご本人は大変物腰柔らかい魅力的な知識人であることも申し添えたい。

センセイが残したもの

続いて、映画での日露の結びつきに関するエピソードをご紹介したい。世界的巨匠・黒澤明監督はロシア文学を愛したことでも知られ、ドストエフスキー『白痴』、ゴーリキー『どん底』を撮っている。それにとどまらず、ソ連の招きを受け、二年以上の歳月をかけた日ソ合作映画「デルス・ウザーラ」では一九七六年にアカデミー賞外国語映画賞まで獲得している。キャスティングや撮影、編集に至るまで、国営産業だったソ連映画界に黒澤監督がもたらした嵐は相当のものだったらしく、当時ソ連側助監督としてプロジェクトを補佐していたウラジーミル・ワシリエフ氏からは、怖がる俳優陣をさておき虎との遭遇場面を特撮なしで再現したり、カメラには決して入らない部分まで道具の細部を整えさせたりと、様々な逸話・武勇伝を教えてもらった。

ワシリエフ氏は「デルス・ウザーラ」アカデミー賞受賞四十周年記念で千五百人入るホールをいっぱいにしたり、毎年のように当時のスタッフ・俳優らの集まりを組織していたが、二〇二〇年五月永眠された。この作品で、先住民の猟師デルス・ウザーラに助けられながらロシア極東地域の密林を踏破する探検家アルセーニエフ役で主演したユーリー・ソローミン氏は、モスクワの中心的演劇劇場の一つ、マールィ劇場で長年芸術監督を務めている。

自分が監督という立場になったきっかけを紹介する際、決して日本向けのリップサービスではなくロシア一般メディアに対して、もっぱら俳優として生きていくつもりであった自分に、監督をやってはどうかと勧めてくれたのは黒澤監督であるとして、「センセイ」と慕ってきたことを明らかにしている。日本とロシアのトップ芸術家同士の素晴らしい交流の様子が目に浮かぶ。

日露双方が互いを認め、高め合うエピソードが増えるよう、それにわずかでも貢献できるよう、方々にアンテナを張っていきたい。

追求される日本の「道」

さて、日本とロシアの共同製作とは少し趣向が異なるところで、それぞれが得意とするお家芸における交流についても述べずにはいられない。クラシック音楽、バレエをはじめとする分野で、日本からの留学生がロシア各地において奮闘している。また、フィギュアスケートや新体操のロシア人指導者によるメソッドが日本選手たちのパフォーマンスを向上させているという点も、しばしば報じられるところだ。では、ロシアの人々は、日本から何かを得ることができているだろうか。

いまや、世界スポーツとして各国で親しまれている柔道や空手、合気道。様々な形で日本から師範を招いたり、反対に昇段試験などのため日本を訪れたりして世界中の人々が稽古に励む姿は一般的になってきているかもしれない。ロシアの武道家たちもその例に漏れないが、歴史を辿れば二十世紀前半のロシアでは、柔道や柔術を会得した格闘家らが、自衛的要素を高めたサンボという競技まで開発している。

武道以外にも、特に茶、華といった「道」で自らを高めようと研鑽に励む人々に会うことがある。伝え聞く限り、ソ連時代の一九八〇年代にこれら芸術が紹介され始めた段階においては、日本側のイニシアティブが極めて大きな意味を持っていたそうで、現在も個人的、あるいは組織的なサポートは続いているが、教えを受けたロシア人師範たちも主体的に活躍している。これについてはオーセンティックでない、といった見解もあるかもしれない。しかし私には、一つの「道」を追求するという考え方が理解される土壌がロシアにもあると言えるように思え、日本文化をより広く紹介する立場としても好ましい事象として映る。

すぐ思い出すのは、モスクワ植物園日本庭園で行われたモスクワ裏千家による夏茶会だ。整った中にもさわやかな雰囲気を感じた茶会で、植物園入口から会場となった庭園まではかなりの距離があり、一般の建物のようにインフラが備わっているわけでもない中でさぞかし準備が大変だっただろうと想像するが、日本人は客側にしかいなかった。JFでもよく実施する、日本からある分野の権威ある方を招き、「これぞ日本」というものを披露するタイプの催しにはその目的や特長があるが、この夏茶会には、モスクワの地でロシアの茶人たちが表現した、魅力あふれる日本があった。

準備する日本、一夜漬けのロシア

ロシアは、よく使われる表現である「近くて遠い国」の一つとして、「なんだか分からない」とか「ちょっと怖そう」といった食わず嫌い感を含め、日本である種の地位を占めてきた国であると言えるだろう。もっとも、自分にあまりご縁のない国について何でも知っていなければならない、というのも無理がある。

一方、ロシアにとっての日本も、もちろん最低限の知識を持っている方は多いし、先述の通り武道場も満員だが、どこかピリッとしない。これを解消すべく、二〇一八年、「ロシアにおける日本年」、「日本におけるロシア年」の並行実施による日露相互交流年が開催された。ここでは、私が仕事の面でその一端に携わる幸運を得た「ロシアにおける日本年」側を少し紹介したい。

JFとしてはまず外務省とともに、モスクワで安倍首相、プーチン大統領の日露両首脳が出席する開会式アレンジを受け持つこととなり、和太鼓 DRUM TAOによる公演を準備した。特筆すべきは、基本的にはモスクワで行う日本側の演目である中、日露相互交流年としての両国のつながりをいかに表現するかの部分だった。

会場として設定されたのがバレエ・オペラの世界的殿堂であるボリショイ劇場であることを生かし、和太鼓とバレエダンサーの共演という方法が試された。打撃音と優雅な舞がどう結びつくか、正直言えば不安な気持ちを抱きながら和太鼓　DRUM　TAOのモスクワ入りを待ったのだが、アーティスト同士が理解し合う感覚というのはすごいもので、言葉を超えた表現者のハーモニーにはなんとも言えない素晴らしさがあった。

この日露相互交流年開会式については、普段から感じている、あらかじめ準備し詰めておきたい派の日本と、直前の頑張りでどうにかしてしまう異文化（無論ロシアもこちらに属する）のせめぎ合い、そして共鳴が当然のごとく発露した催しとしても心に残っている。多くの団体が関係した事業のハブとしての役割から見えてきたものでもあると思うが、現地の条件に沿った提案をすべく、事前に詳しい情報を渇望する日本側。ロシア側も必要情報を出し渋っているわけではないが、天下のボリショイ劇場という相手の歴史や規模、いくつもの省庁が関係する複雑性も手伝ってか、必ずしも呼吸が合わない。おいおい、それをつなぐのがJFの仕事だろ、まさしくご指摘の通り。しかし、必ずしも多数のプレイヤーたちを噛み合わせられないまま、本番に向け時は無情にも過ぎていく。

一方、逆説的ではあるが少しは心を安らかにしうる要素もあった。両首脳が出席するということは、どの関係者にとっても失敗があってはならないという思いが働き、必ずうまくいかせようとする流れが生まれるはず。はたして、日露双方のプロフェッショナルたちのおかげで開会式は無事実施され、「ロシアにおける日本年」ではその後、文化、経済、学術、スポーツなど様々な分野で、六百件を越す催しが盛大に行われた。

おおらかさ、その諸相

ここで、日々の生活の中でロシアに敬意を抱いているエピソードもご紹介したい。端的に言えば、融通がきき、親切であるという点だ。私たち夫婦の二人の息子たちは、モスクワ生まれだ。妻は産院で、夫の立ち会い出産のみならず、私も家族一緒に泊まれるように個室を手配してくれた。自分で産むわけではないのに緊張はするし、十時間も連続してスタンバイすると消耗もする。母親も子どもも無事で嬉しいやら、小さすぎてどう持ったらいいのかおっかなびっくりのこんな時、新米の父親が母子と一緒に過ごせるなんて、さすが配慮の国ロシア⁉　とてもありがたい……と思ったら、何か変だ。

狭い部屋というわけではないが、私の寝床に近い形状の家具は見当たらず、母親用ベッドも明らかにシングルサイズ。そこで初めて分かったのだが、実際は、その産院では父親の出産への立ち会いは可能だが泊まりは認めておらず二十時退出が規則のところ、妻が頼み込んでモグリで入れてもらっていたのだった。椅子でうとうとするのも体力回復には限定的なので、図々しくも、零時以降六時半まで、可動式担架を借りることができた。真夜中は急患が来ないというわけではないだろうが、もしもの場合は叩き起こせばいいということなのか、看護師さんたちには大変よくしていただき、おかげで息子たちは二人とも元気にしている（次男は一人目から二年を経て生まれたのだが、私の隠れ滞在に対する見て見ぬ振りと担架貸し出し制度は変わらなかった。ただ、二歳児を放置するわけにもいかないのでお世話になったのは短時間だったが）。

また、こんなこともあった。モスクワ市が運営する路肩駐車スペースは、専用アプリで駐車料金を支払うことができる。ある時、有料スペースに無賃駐車していたとして日本円換算でおよそ八千円に上る結構な額の罰金請求が届いた。指摘された場所と、添付されている日時が表記された車の写真を確認し、アプリの履歴を調べる。ちゃんと支払ってあるじゃないかと憤慨しながら、証拠を突きつけんと意気盛んに市交通局に乗り込んだ私は、ギャフンと言わされたというより、感心してしまった。

私の申し立てを受けた係官は丁寧に、「注意して見てください、入力してある車番が途中で終わっていますよ」と教えてくれた。「でも、最後の数字は車が登録された州などを表すもので、その前までで個体識別できるじゃないですか。私は二年以上このアプリで駐車料金を支払っていますが、罰金請求は初めてですよ」。数字が不足しているのに車番登録できたことになってしまうアプリの、機能としての正確性はどうかという点はさておき、気持ちよく、やられた、と思ったのは、人間のおおらかさだ。

すなわち、なぜ初めて罰金が取られることになったかというと、一般的には委託業者が違反チェックしているところを、今回停めた駐車スペースは市中心部に設置された、ロボットが管理する区域だったためで、それまで人が管理する区域にしか停めたことがなかった私は、目視確認で毎度見逃してもらっていたのだろう、というのだ。早めに指摘してくれていれば非情なロボットにお金を請求されることもなかったのに、とも考えられるが、そこまで個々人にサービスするわけにもいかないだろうから、私はことごとく大目に見てくれていた、話したこともない検査員たちに親しみに似た感情を抱きつつ、交通局を後にした。

生活の一部として……

私の故郷新潟市では、中心部の表記に英中韓露の四言語が用いられていたり、バイパス入口に「自転車で進入しないでください」とロシア語で書いてあったりするし、一九六四年の新潟地震で大きな打撃を受けた際は、ロシアで最も東側にある地域の中心的都市で、その後姉妹都市となるハバロフスクから支援物資が送られたことが伝説となっている。毎年白鳥が「シベリアから越冬のためにやってくる」隣町にある湖には、よく親に連れていってもらった。

後年劇場で見ることになる白鳥の湖とはだいぶ異なる風景だったが、極めて大げさに表現すれば、私にとってロシアは、探求の対象となる前から生活の一部だったとも言える。これを、北海道や日本海をはさんだ沿岸交流などがある地域に限らず日本とロシアの様々な地域に広げ、人々の結びつきをより深める目的で、「日露地域・姉妹都市交流年二〇二〇―二〇二一」が開始された。日本とロシアで、個々人の生活や意識に近い地域同士が関わりを持つことは、両国の関係が親しい隣国同士のものに昇華していくことにつながるだろう。明らかに異なるルーツを持つ二つの国の人々が、より分かり合えるようになってほしいと願いながら、モスクワで業務に取り組んでいる。

インドのＩＴ人材——ＪＦのアプローチ

田中洋二郎

ウィズコロナの時代

新型コロナウイルス（COVID-19）は、今もなお世界中で猛威を振るい、社会に甚大な被害を与えている。今後、リモート会議など物理的に接触しない活動がますます推進され、社会のあらゆる場面でＩＴの活用が求められていくだろう。しかし、日本は社会のデジタル化を進めるに当たって大きな不安要素を抱えている。それは、デジタル社会を支える人材の不足である。これは、コロナの感染拡大前の二〇一九年四月に経済産業省が行った調査だが、日本国内のＩＴ人材不足の状況は、二〇二〇年の時点で既に三十万人、二〇二五年に三十六万人、二〇三〇年に四十五万人となると予測されていた。当然、コロナの影響を受けてこの数字は上方修正されるだろう。

こうした状況を踏まえ、日本政府は二〇二〇年からは小学校でコンピュータ・プログラミングの必修化、二〇二一年からは中学校での必修化、二〇二二年には高等教育で文系、理系を問わずすべての学生がプログラミングやネットワーク／データベースの基礎を学習できるよう打ち出すなど、国内の人材育成に乗り出している。しかし、これから日本が国内のＩＴ人材育成に本気で取り組んだとしても、十分なＩＴ人材が育つまでにはまだ相当な時間がかかる。当然、足りない分は外国人材に頼る必要がある。こうした状況下において、改めて注目すべき人たちがいる。インドのＩＴエンジニアである。

ＩＴ人材大国インド

インドでは、毎年多くの高度ＩＴ人材が輩出されている。彼らは欧米の大学院で学位を取り、高度な知識と完璧な英語を操り、世界のトップ企業で活躍している。

インドの高度理系人材の育成を牽引しているのは、インド工科大学（Indian Institute of Technology : IIT）と呼ばれる国立の工学、科学技術系大学だ。世界トップレベルと評されるＩＩＴには、毎年、世界中の企業が学生獲得に乗り込んでくる。それにともない、学生に提示される年俸が急騰している。ＩＩＴ卒業生への年俸はなんと平均で約三千万円。最近では、オラクル社がＩＩＴの学生に対し年俸約四千万円を提示したことで話題になった。米国で最も初任給が高いとされるハーバード大学でさえ平均では年収約千三百万円と言われている。いかにインドの高度ＩＴ人材が高く評価されているかが分かるだろう。

ここで、日本ではまだあまり知られていないＩＩＴについて、その概要を見てみよう。まずＩＩＴは一つの大学ではない。インド全土にある二十三の独立した国立大学の総称だ。デリーにはＩＩＴデリー校、ムンバイ（旧ボンベイ）にはＩＩＴボンベイ校など、インド各地にそれぞれ独立したキャンパスが存在する。インド全土に展開しているＩＩＴは、インドの秀才を引き込む巨大な教育インフラ網である。

そんなＩＩＴだが、実はその歴史はそれほど古くない。ＩＩＴは、インドが大英帝国から独立する時に国家戦略の一部としてつくられた大学で、第一校が当時のジャワーハルラール・ネルー首相によって東インドのカラグプルに建てられたのは一九五一年だ。その後、IITは全国に拡大していくことになるが、その経緯もまた興味深い。

インドがイギリスからの独立を模索している中、N・M・シルカール卿は、独立後のインドの未来は資本ではなくテクノロジーにあると考えていた。そして、一九四五年にインド政府に提出した報告書の中で、世界に通用する理系大学としてIITの設立を提案する。その報告を受けて、インド政府はIITの設立に動き出すが、独立間もないインドに、その設立資金を工面することは困難だった。そこで、インド政府はIIT設立資金を外国からの支援に求める。その時、最初にIIT設立への支援を申し出た国は、ソビエト連邦だった。しかし、その後に手を差し伸べたのは、西ドイツであり、米国であり、英国であった。冷戦のさなかに東西陣営のそれぞれからIIT設立の資金援助を引き出したことは、「非同盟主義」を外交政策に掲げ、絶妙な外交感覚で当時の国際情勢の荒波を読んでいたインド独立政府の功績と言えるだろう。

このように独立後の国家プロジェクトとして進められたIITが、時を経た今、インド全土で「金の卵」であるITエンジニアを生み出している。

インドIT産業への追い風

こうして独立直後から優秀な理系人材の育成に力を注いできたインドは、国内に優秀な理系集団を蓄積していく。そうした、理系インド人が一挙に世界的な注目を集める契機が訪れる。「二〇〇〇年問題（Y2K）」である。Y2Kを回避するためシステムの修正を行う必要があり、世界中でコンピュータ言語を解するエンジニアの需要が一気に高まった。特に当時既にコンピュータ分野でトップを走っていた米国においてその需要は高かった。そこで着目されたのが英語を理解する安価な理系インド人材である。しかも、インドは米国から見てちょうど地球の反対側に位置する。この時差が、既にグローバル化が進んでいた二〇〇〇年前後ではむしろ好ましい循環を生んだ。なぜなら、シリコンバレーで行われた作業は、そのまま休むことなくインドで続けられ、次の朝にはインドで行われた作業から開始できるという完全な二十四時間態勢が可能となったからである。

こうしてＹ２Ｋを解決し、華々しいデビューを飾ったインド人エンジニアは、その後の世界的なＩＴ需要の高まりに引っ張られるように世界の表舞台へと躍り出ていった。いまやグーグルのＣＥＯ、サンダー・ピチャイ氏、マイクロソフトのＣＥＯ、サティア・ナデラ氏、アドビーシステムズのＣＥＯ、シャンタヌ・ナラヤン氏、ＩＢＭのＣＥＯ、アルビンド・クリシュナ氏など、巨大ＩＴ企業のトップにインド人が君臨している。一時期、日本でもソフトバンクの次期社長として、ニケシュ・アローラ氏が候補として挙げられ話題になった。結局、アローラ氏とは物別れに終わったが、ソフトバンクのような日本を代表するＩＴ企業の社長にインド人が就任したら、インド人ＩＴエンジニアの存在は一気に高まっていただろう。

また、二〇〇〇年以前のインド国内では、もう一つの重要な変化が起こっている。インド経済の自由化である。インドは長い植民地の経験から、外国の資本への警戒感が強く、独立後は社会主義政策を採っていた。しかし、そのためにインドは五〇年代から六〇年代にかけて「ヒンドゥー的成長」と呼ばれる低成長を経験することとなる。年平均三パーセント台しか成長できなかったインドは、明らかに他のアジア諸国と比べて経済成長の面で出遅れた。こうした中、一九九〇年に勃発した湾岸戦争は石油資源を外国に頼るインド経済を直撃し、それまでにも財政赤字に苦しんでいたインドは、あと一歩で債務不履行にまで追い込まれていった。そうした中で登場するナラシムハ・ラオ首相とマンモハン・シン蔵相は国家の命運をかけ経済の自由化に舵を切る。Y2Kを契機に世界中がインド人エンジニアに目をつける前の絶妙なタイミングで、インドは経済の自由化という離陸をしていたのである。この状況について、榊原英資氏は、著書『インドIT革命の脅威』（文藝春秋社、二〇〇一年）で、「自由化前は戦略的な産業をすべて国有化していた国家戦略を揶揄して、「もし、自由化の前にITブームが起こっていたら、政府はソフトウェア産業を国有化していたに違いない」というジョークを何度なく耳にした」という現地の声を紹介している。

インド人留学生の獲得

さて、いまや世界の労働市場で引っ張りだこのインドITエンジニアだが、彼らに対して、日本はどのようなアプローチをしているのだろうか。その前に、インド人学生の海外留学の傾向を見てみたい。今でも世界中の学生を魅了している米国の大学への留学生数（二〇一八年時点。出典Grobal Note）を各国別に見てみると、中国が他を圧倒している。その数は約十四万三千人。二位は韓国（約二万六千人）、三位はサウジアラビア（約二万三千人）、四位にインド（約二万二千人）となっている。ちなみに日本は八位の九千人ほどだ。ただし、大学院への留学生数で見てみると一位は中国（約十二万九千人）で、インドは二位（約九万三千人）まで順位を上げてくる。さらに大学院の中でコンピュータ科学に絞って見てみると、インドが一位（約三万六千人）で、二位の中国（約一万六千人）の二倍以上の差をつけるほど突出している。

こうしたインド人留学生を呼び込みたいのは、日本も同じだ。しかし、インド人学生獲得においては、日本は成功していると言えない。数字で見てみると、二〇一八年時点で、日本全体の留学生数（大学院から日本語学校まで留学生として日本に滞在している学生数）約二十九万八千人のうち、インド人留学生は約千六百人で全体の〇・五パーセントほどしかいない。そもそも日本の大学は米国の大学と比べて、日本語という大きな言語ハンディキャップを抱えている。そうした中、日本の大学も英語の授業を開講するなどの努力は行っているが、英語で授業が受けられるだけでは優秀なインド人学生にとって十分な魅力とはならない。こうしたことから、日本は留学先ないし就職先として端から除外されているケースが少なくない。

では、日本のインド人材獲得は絶望的なのか。必ずしもそうではないし、日本も単に現状を憂いているばかりではない。既にインドには東京大学と立命館大学がサテライトオフィスを置き、日本留学に関する情報がワンストップで手に入る場所を提供している。これはその立命館大学インド事務所の所長を務めた北村昇三氏から教えてもらったことだが、日本社会の治安の良さ、清潔さ、日本人の礼儀正しさ、こうしたいわゆる日本のソフトパワーはほぼ例外なくインド人たちを魅了しているという。同氏は、毎年、インドの優秀校の教師や学生を立命館大学に連れてくる招へいプログラムを行ってきたが、「一度でも実際の日本を見てもらえれば、大体のインド人は日本を好きになってくれる」。課題は、日本がまだまだインド人には知られていないという点にあるという。インターネットであらゆる情報が瞬時に手に入る世界においても、その国の生の文化に触れ、その国のリアルな情報に接する機会は絶対的に必要だということだろう。

また、コンピュータ分野ではインドの学生やエンジニアを惹きつけることは難しくとも、日本が強みとする学術分野ではインド人学生を魅了してきていることは確かだ。実際、化学、バイオ・テクノロジー、ロボット工学、宇宙工学などの分野ではインド人留学生の数が伸びてきている。

その他、最近では、長岡技術科学大学とＩＩＴマドラス校、岐阜大学とＩＩＴグワハティ校、北陸先端科学技術大学院大学とＩＩＴガンディナガール校など、ＩＩＴと日本の地方大学が直接つながり、共同で学位を出すジョイント・ディグリープログラムがつくられるなど新しい動きも生まれつつある。

ＪＦの取り組み――日本語教育の導入

次にＪＦの取り組みについて見てみよう。

日本の大学が、留学フェア、学校訪問、日本留学説明会などを通じて直接、インド人学生に留学の話をもちかけるのに対し、ＪＦはインドの大学などに対して「日本語コース」が導入されることに力を注いでいる。日本語学習をきっかけに、日本に対する関心を高めることで、将来的に日本への留学が選択肢の一つとしてでてくるのだ。

まずはＩＩＴマドラス校の例を見てみよう。同校は南インドのタミル・ナドゥー州に位置している。タミル・ナドゥー州といえば、いま日系企業の進出が最も盛んな州である。そうした中で、同州を代表する日本語教育機関であり、同州における日本語能力試験（ＪＬＰＴ）の実施機関でもあるＡＯＴＳタミル・ナドゥーとＪＦが協同で、ＩＩＴマドラス校での日本語教育導入を働きかけた。多くの日系企業を受け入れている土地柄、既にマドラス校では日本語への関心が高く、また日本で博士号を取得した教授の熱心な働きかけもあり、導入の話は順調に進んだ。いま同校ではネイティブの日本人日本語教師が、ＪＦが開発した教材『まるごと』を使って日本語を教えている。上述の通り、ＩＩＴマドラス校では長岡技術科学大学との共同プログラムが開始されたこともあって、学生の日本語学習熱はさらに高まっている。加えて二〇一九年からはマドラス校と九州大学とで交換留学プログラムも始まった。マドラス校においては、日本の大学との共同プログラムと日本語コースが車の両輪のようにはたらき、学生に対する日本アピールに大きく貢献している。

また、インド北東州の玄関口とされるアッサム州のグワハティにあるＩＩＴグワハティ校でも日本語は導入されている。もともとＪＦの日本語専門家だった徳間望氏が同校の日本語コースを担当している。現在、同コースは一時中断しているが、同校と日本の岐阜大学との間では、交換留学プログラムも提携されている。私の同僚でありニューデリー日本文化センター駐在の野口晃佑氏が日本語教育に関する講演で登壇するため同校を訪れているが、少なからぬ学生が日本語コースに強い関心を持ち、日本への留学、特に岐阜大学への留学を具体的に考えていることを知ったという。天下のＩＩＴにおいて、日本語教育の導入がきっかけとなり、日本に対する関心が高まった事例といえよう。

またＩＩＴ以外に対しても、ＪＦは積極的に日本語教育の導入を図っている。最近の好例では、ＶＩＴ（Vellore Institute of Technology）が挙げられる。同校は、インドの工科大学のトップであるＩＩＴに次ぐ、インド全土に知れ渡った名門私立理工系カレッジである。同校も上述のタミル・ナドゥー州にあり、日本語の必要性を実感として持っていた。そこで、日本語を始めたいという話がＪＦに届き、何度もやり取りを重ねた結果、同校の日本語コースが始まっている。

実はＶＩＴのようなＩＩＴ以外の理工系カレッジで日本語教育の導入を働きかけることにも大きな意味がある。それは、冒頭で述べた日本のＩＴ人材の不足を補っていくには、トップオブトップのＩＩＴ人材だけでなく、その他多くのＩＴ人材にアプローチする必要があるからだ。ＩＩＴのコンピュータ人材は、今や世界中の企業が喉から手が出るほど欲しい超天才集団である。彼らは世界中の企業から最も高い給与、最も刺激的な仕事、最も整った仕事環境を引き出し、また一つの企業に勤めても常にジョブホッピングを繰り返し、さらなる高みを求め続けていくという傾向を持つ。こういった人材を今後、何千人という規模で確保していくことは不可能だ。もっと日本に長年にわたって住み続け、一つの会社に長年貢献してくれる層ともつながっていく必要がある。インドにはIITのように世界トップクラスのエンジニアが存在する一方で、その下に何千という優秀なエンジニアもいる。こうした層の厚さもインドITの強みであり、トップ集団だけでなく、社会の様々な層へアプローチしていく必要がある。

なお、少し話はそれるが、IIT出身以外を二番煎じや二流エンジニアと決め込んでいると実情を見誤る。マイクロソフト社社長のサティア・ナデラ氏は、南インドのマンガロール大学出身で、同大で電気工学の学士号を取得した後、アメリカのウィスコンシン大学に留学している。世界のマイクロソフト社長でさえ、非IIT出身者なのだ。

また、VITの他の事例として、デリー・ムンバイ間産業大動脈構想（DMIC）における日本語教育導入についても触れておきたい。DMICとは、デリーとムンバイの間（約千五百キロメートル）に貨物専用線路を敷設する計画だが、この事業を引き受けているインド高速鉄道公社からJFに日本語教育に関する依頼が届いた。彼らの依頼は、毎日、会議のため、日本人エンジニアと顔をあわせるが日本語が分からないので、日本人の考えがいまひとつ分からず、お互いの距離が縮まらない。だから、日本語コースを立ち上げたいので手伝って欲しいというものだった。早速、企業向けの日本語コースを行える日本語教師を見つけ、日本語コースが開始されるのを手伝った。なんと同コースでは社長さえも従業員と肩を並べ日本語を勉強していたという。

またハリヤナ州では、州の高等教育省と、同省が選抜した三校の州立工科学校《ポリテクニク》において日本語教育を開始するためのMOCを二〇一九年九月に結んでいる。州立の工科学校とは庶民の子どもたちが通う学校だ。こうした学校でも「生きた日本語」を学べるようになる意義は大きい。なぜなら、こうした学校の卒業生は、今後、現地の日系企業の工場などで働く人たちだからだ。ちなみに、今回、日本語が導入されることになった学校を上述の野口氏が訪れた際、学生から「初めて日本人を見た」と言われたという。ハリヤナ州には多くの日系企業、特に工場が林立しており、インド市場進出のパイオニアである自動車のスズキ株式会社の工場もある地域だ。多くの日本人がそこで働いているはずだが、このエピソードから、日系企業の職員と地元民とがいかに異なる世界で生きているかが見えてくる。こうしたギャップを埋めるのも、地元に住む庶民の子弟たちだ。

日本語教育は味噌汁

ＩＴ人材の育成において出遅れた日本には新たな戦略が必要だ。インドとの比較で言えば、ＩＩＴカンプール校でコンピュータ科学工学科がスタートしたのは一九六三年。ちなみに米国で初めてコンピュータ科学学科が設立されたのも一九六〇年代である。それに対して、東大の理学部にコンピュータ学科が設立されたのは二〇〇〇年である。インドにおいて、初中等レベルでコンピュータ学習が導入されたのは二〇〇〇年。上述の通り、日本での初中等レベルの必修化が始まったのは二〇二〇年。この差を埋めるのは容易ではない。

ウィズコロナの時代、日本ではＩＴ人材が確実に不足する。その不足分は外国の人材に頼る必要がある。その時、我々のリストの中にはインド人ＩＴエンジニアが上がってくるが、当のインド人が日本に目を向けてくれるだろうか。既に海外から破格の給与で引き抜かれている高度インド人材の獲得競争に、日本も参入していくのは容易なことではない。本稿執筆に当たってインタビューをさせていただいた元東京大学インド事務所所長で現東京大学社会連携本部インドシニアアドバイザーの吉野宏氏の言葉を借りれば「インターン、奨学金、雇用のすべてを約束する」くらいの覚悟で臨まないと優秀なインド人学生は振り向いてくれないのだ。

そもそもＩＩＴ人材は世界的に不足している実情がある。コンピュータ学科は理工系の医学科とも呼ばれ、もともと卒業生が多くない。ＩＩＴ全体でも毎年輩出できるコンピュータ学科卒の学生はせいぜい百名だ。これを世界中の大学、研究機関、企業が奪い合っている。そこでＪＦとしては、まずは日本語を導入するというやり方に徹している。言葉を学ぶことで相手国に対する関心が芽生える。その中で自然と日本に関心を持ち、日本を留学先、就職先として考える学生／エンジニアは増えてくるという信念からだ。こうしたＪＦのアプローチは直球ストレートではなく、やや変化球的かもしれないが、そういったアプローチが最も成功する場合もある。

「日本語教育は味噌汁のようなもの」。以前、インドで一緒に仕事をさせていただいた日本語専門家からこんな言葉を教えてもらった。味噌汁のような日本語教育はどんな和食料理（プログラム）でも付け合わせで出すことができる。主菜にはならないかもしれないが、邪魔にもならない。こうして味噌汁の味に親しんでいると、それが馴染みの味となり、やがて忘れられない味となる。こうしたアプローチでもって、インドのあらゆる層に日本をアピールすることが可能であり、必要なことだ。

同様に、我々も相手の料理を受け入れる度量が必要なことを付言しておきたい。文化交流は一方的なアピールだけでは成り立たない。自分の文化を受け入れてもらうには、相手の文化を受け入れることが求められる。それを断るということは、自分のホームパーティーには人を誘うが、他人のホームパーティーには顔を出さないようなものだ。それでは、お付き合いとして成り立たないことは明白だろう。

シルクロードはまた文化の道——ユーラシアの未来の大国で

栗原毅

筆者は二〇〇九年四月から二〇一三年七月まで在ウズベキスタン日本国大使館において広報文化担当官として勤務した。ＪＦから外務省への出向であり、両者の橋渡しをしつつＪＦの知見と組織力を活かしながらも政府の立場で文化交流に従事する身分であった訳だが、元駐ウズベキスタン駐箚黒田義久特命全権大使はじめ、歴代の大使館幹部の広いご理解とご協力により、かなり積極的に幅広い仕事をすることができたことを今でも深謝している。

現在の地理的な区分で言えば、中央アジアはウズベキスタン、カザフスタン、キルギス、タジキスタン、トルクメニスタンの五カ国が相当する。いずれもソ連崩壊を受け誕生した新興諸国で、独立後日本と国交を樹立し、その二十周年を迎えた二〇一二年には各国で様々な記念事業が行われた。

彼の地を離任して既に七年以上の歳月が経つが、この間、中央アジア諸国の社会情勢も変化した。ウズベキスタンでは独立以来国を率いてきたカリモフ大統領が死去し、現在ではミルジョーエフ大統領のもとに改革開放が進められ、新たな発展の途が始まろうとしている。同時に日本と中央アジア諸国との関係も発展を遂げ、二〇一五年十月には安倍首相による中央アジア五カ国歴訪が実現した。文化面でも、ＪＦの派遣により有識者からなる文化交流使節団「中央アジア文化交流ミッション」が実施され、二〇一六年から一七年にかけ中央アジア五カ国の訪問が行われ、今後の文化事業分野における協力についての幅広い意見交換が行われた。このミッションと並行して文化交流も活発に行われ、和太鼓公演、テレビ番組放送、武道専門家派遣、文化遺産シンポジウムなどが実施されるとともに、中央アジア諸国から日本語学習者を招待しJF関西国際センターで研修を行うなどの訪日招へい特別事業も行われていた。

本稿では▽親日、▽歴史的遺産での日本文化紹介、▽日本人の足跡、▽オールジャパン、▽未来の大国――の五つをキーワードに、筆者の文化交流事業の経験を顧みつつ、ウズベキスタン勤務により見えた諸様相を紹介していくこととしたい。

一　親日

ウズベキスタンは親日国である。歴年の日本からの経済協力に対しての好感であることは差し引いても、日本と言えば厚意をもって見てくれる国民が非常に多かったと感じられるし、今でもその状況は変わっていないのではないかと思う。当時のウズベキスタンでは日常的な娯楽の機会自体が日本や欧米諸国と比しても相対的にまだ少なく、また外国文化の紹介の機会も必ずしも多いとは言えない状況にあった。そのため、大使館やJFが行う文化事業は概ねいつも大きな反響をもって迎えられ、それはまさに「砂地が水を吸い込む」ような状況であったことを今でも懐かしさとともに思い出す。

在任中に手掛けた事業として、藍染め、切り紙、邦楽公演、陶磁器展、日本食ワークショップ、史跡保存修復ワークショップ、さらには、日本におけるユニバーサルファッションの紹介、故、江戸屋猫八氏やそのご子息であり現在も活躍中の江戸屋小猫氏による動物ものまね演芸などがあるが、どの事業も多くの参加者を得て、好評のうちに実施することができた。

二〇一二年は日本とウズベキスタンの外交関係樹立二十周年に当たり、この年にはとりわけ多くの事業が実施されている。この中には、東北復興写真展、ウズベキスタンの伝統工芸であるアトラスのハンディクラフト展、能・狂言公演、平山郁夫版画展、日本ウズベキスタン協会会長嶌信彦氏による現代日本社会に関する講演会、アカペラグループINSPiによるコンサートなどがあるが、大使館やJFの主催によるもののみならず、外部の団体の協力を得て実施された事業も多かった。これらの事業に協力いただいた方々はあまりに多く、詳細を紹介できないのは残念であるが、この場を借りてあらためて厚く御礼申し上げる次第である。

他方で、文化事業の際には会場手配や広報などで現地の団体からも多大な協力があったことは忘れてはならないし、またそれにより、現地の関係者との間で一緒に事業を創り上げていくという連帯感が育まれてきた。それらの協力関係は筆者の離任後も続いていると聞いており、今後の日本とウズベキスタンの関係を進めていく上でも大きな財産になると考えている。とりわけ、ウズベキスタンの首都タシケントにあって様々な芸術活動の拠点として活動している「平山郁夫文化のキャラバンサライ」には日本文化紹介事業でも幾度となく支援を受けており、同館そして館長のファルーフ・ウスマノフ氏が外務大臣表彰により顕彰されたことは、筆者にとっても大変に喜ばしい出来事である。

またこれは旧ソ連諸国でも共通することと思うが、ウズベキスタンでは武道やスポーツへの関心が高く、その専門家に対し敬意が払われている。日本武道も強い関心をもって受け入れられており、合気道、剣道、空手を習っている市民も少なくない。ウズベキスタンで人気のスポーツと言えばサッカーが思い浮かぶが、筆者の在任中の二〇〇九年六月には、ＦＩＦＡワールドカップのアジア最終予選で日本代表チームがウズベキスタンを訪問し試合を行った。スポーツ交流に関しては、先方の関心が高いだけに、今後もさらに発展の余地があると考えている。

二　歴史的遺産での日本文化紹介

ウズベキスタンの国土は約四十五万平方キロメートルであるが、その中に五カ所の世界遺産を有している。ティムール王朝の都として世界史に燦然とその名をとどめるサマルカンド、彼の地にイスラームが入ってより近世のハーン国の時代に至るまで交通や経済の要衝であったブハラとヒヴァ、そしてティムールの出身地として当時の史跡が多く残されているシャフリサーブズ。この四都市に加え、二〇一六年には天山山脈の西部地域が新たに自然遺産として登録された。このほか、世界遺産ではないが、ウズベキスタン東部フェルガナ地方の中心都市として同じく近世のハーン国の首邑となったコーカンド、アフガニスタンとの国境に位置し、イスラーム伝来以前の仏教寺院の遺跡が数多く残るテルメズも、見応えのある場所である。史跡の多くは改修され、現在でも博物館として利用されている例が多いが、こうした史跡のスペースを利用し文化事業を行ったこともあった。それはまさにウズベキスタンならではの体験であった。

観光面で、ウズベキスタンの中で、さらに中央アジア全体でも最も注目を浴びているのはやはりサマルカンドであろう。古くは紀元前のソグド民族の活躍の時代から存在していた都市であるが、チンギス・ハーンの征西により市街地の大部分は破壊され（現在はアフロショブの丘の発掘遺構に当時の都の面影を垣間見ることができる）、現在の市街地とそこに残る史跡の大部分は十四世紀のティムール王朝時代以降に造られたものである。建物の多くが空の色を思わせるような青いタイルで装飾されており、その景観からサマルカンドは「青の都」との別名を与えられている。

同地では隔年で「サマルカンド国際音楽祭」が開催されているが、二〇一一年の同音楽祭（第八回）にはＪＦの主催事業として民謡太鼓、津軽三味線、ギターやパーカッションからなる邦楽グループを招へいし、サマルカンドの観光シンボルとも言えるレギスタン広場を舞台に公演を行った。

外交関係樹立二十周年記念の年には、そのレギスタン広場の一角に位置するシェルドル・メドレセの中庭において、邦楽コンサートそして本格的な能・狂言公演を行う機会に恵まれた。うち同年九月に行われた能・狂言は、世界遺産のど真ん中に能舞台を組み立てそこで上演を行うという大掛かりなもので、行政府との交渉、建材の調達その他準備段階から大変な労苦もあったが、それだけに事業を終えた後の達成感もひとしおであった。当日、開会直前に電気の供給が止まり、出演者の皆様の機転で、懐中電灯一本で電気が復旧するまで能楽一噌流・笛方の藤田次郎先生による笛の演奏を続け、あたかもそれが舞台の演出の一部のようにウズベク側来賓や観客に思わせることができた経験も、今となっては懐かしい思い出の一コマである。ともすれば外国人には理解しにくいと思われやすい能であるが、この日は上演した能「羽衣」、「猩猩乱」そして狂言「棒縛」のいずれについてもロシア語による詳細な説明を作成し観客に配布したところ、立ち客も含め大多数の観客が最後まで熱心に舞台に見入ってくれていたことは今でも強い印象として残っている。

二〇一一年五月には、ＪＦ巡回展「現代日本の陶磁器展」を同じくサマルカンド市のレギスタン広場に近接するチョルスー・ギャラリーで実施した。創建が十五世紀に遡るという建物は現在もギャラリーとして使用されているが、そのスペースを展示会として使用するために、何度かサマルカンドまで足を運んだものであった。中央アジア風の歴史ある石造りの丸屋根のもとで行われた陶磁器展は、あたかも東西文化が一つの空間に溶け込んだような独特の空気感を創り出し、それは筆者がこれまで手掛けてきた展示事業とは異質ながら大変に趣の深いものであった。開会式の際には地元の学校の生徒が多数集まり、筆者の開会挨拶を温かい拍手で迎えてくれたこともいい思い出である。

史跡を催し物会場として使用するには込み入った手続きが必要となり時間も労力もかかる。しかしながら、日本大使館が共催とすることで先方行政府からも通常とは異なる配慮を受けられる場面も多かった。ウズベキスタンの行政府の方々からは、自らの歴史遺産を誇りに思いそれを大事にする意気込みが感じられたが、それだけに日本文化を紹介しようとする我々の熱意を汲み取り、それに応じてくれたのであろうと思う。どの事業も多数の来場者を得て現地の観客に受け入れられたが、遠く本邦より文化紹介のため来られた出演者その他の皆様にとっても、貴重な体験の場として記憶に残る事業となったであろうことを確信している。文化交流とは、他国に日本文化を紹介するだけでなく、日本側の関係者に各国の文化を体験していただき、その後の創作活動の糧としていただく機会でもあると思う。

三　日本人の足跡

第二次世界大戦後、多数の日本軍人及び民間人がソ連に抑留されて強制労働に従事させられたが、その一部がウズベキスタンにも送られ同地で建設作業に当たった歴史がある。推定される抑留者総数約五十七万五千人のうち、ウズベキスタンでの抑留者数は二万人を超えたと言われ、うち八百十二名が異国の土と化したという。悲しい歴史の中で唯一救いであるのは、ウズベキスタンで、日本人抑留者のことがとても好意的に語り継がれていることである。

筆者は赴任後すぐに、首都タシケントの郊外にあり日本人抑留者の墓地があるヤッカサライ墓地で長年にわたり墓地を守ってきたミラキル・ファジーロフ氏を訪れその話を聞く機会を得られた（日本人抑留者の歴史保存や日本人墓地の保全に寄与した功績に対し、同氏は二〇一七年旭日単光章を授与されている）。抑留者の記憶を人々に語り継ぐことが自分の役目だと語るその眼には、その地に眠る人々に対しての心からの温かい想いを感じた。現在では墓地に隣接して日本人抑留者の資料館が開設され、その中では写真やパネルを通じ、在りし日の抑留者の生活に触れることができるようになっているが、これはスルタノフ館長が、それまでに収集した資料を活用し私費を投じて建設したものである。

抑留者であるにもかかわらず日本人は本当によく働き、そして立派な建物を造りウズベキスタンに残してくれた——こうした厚意の歴史が語り継がれ、それが現代のウズベキスタンにおける日本に対する好印象の一因となっているのは明らかである。抑留者が関わった建築物の中で最も著名なのはタシケント市内にある国立ナヴォイ・オペラ劇場であろうが、この建物が一九六六年のタシケント大地震でも倒壊しなかったのは有名な史実である。劇場の側面には「極東から強制移送された数百名の日本国民が、このアリシェル・ナヴォイ劇場の建設に参加した」と書かれた金属板が設置されている。言うまでもなくこれは抑留者のことであるが、カリモフ大統領は、わが国と日本は戦争をしたこともないのだからと、それまで「戦争捕虜」という言葉を使っていた金属板を付け替えさせたのである。

ソ連時代は荒れ果てていた日本人抑留者の墓地であるが、二〇〇〇年以降、日本側からも大規模な調査協力や支援が行われ、現在見られるような形に整備された（このあたりの経緯は元駐ウズベキスタン駐箚特命全権大使である中山恭子氏による著書『ウズベキスタンの桜』に詳細な記述がある）。日本人墓地は首都タシケントのほか、地方都市であるブハラ郊外のコガンやフェルガナ地方のコーカンドにもあるが、赴任期間中筆者もそれらの墓地を巡り、故郷に帰れなかった方々を想い手を合わせた。

日本人に関する記憶と言えば、ウズベキスタンで知られ敬愛されていた日本人の一人として思い出されるのが、文化人類学者の故、加藤九祚氏である。同氏もシベリア抑留で辛酸を嘗めたおひとりであったが、日本への帰国後は教職や出版社での職を経てユーラシア各地で考古学の調査や発掘に従事した。とりわけ、加藤氏が晩年の三十年近くにわたり継続して取り組んできたスルハンダリア州テルメズにあるカラテパ遺跡（二世紀から四世紀にかけての建造物とされている）の発掘調査は、考古学的にも大きな発見とされる偉業であった。

同氏はテルメズに居を構え、そこを拠点に定期的に発掘活動を行っていたが、筆者も二〇一〇年十一月に同氏の米寿記念遺跡見学ツアーに同行し、カラテパ遺跡を見る機会に恵まれた。しかしながら発掘された遺跡はその後の保護も行われることなく、雨風にさらされたまま崩壊が始まっているという。とても残念な話である。資金面での困難もあるが、同遺跡が国境地帯にあり軍駐屯地の中にあるため、ウズベキスタン側で保存の条件が整わない限りは作業に取りかかれないという問題もあるようである。

ツアーには本邦から和楽器演奏者も参加し、テルメズ市の経済・社会カレッジにおいて邦楽公演を実施した。邦楽演奏の楽器である三味線や琵琶も、ルーツをたどれば、西アジア起源の弦楽器がシルクロードを伝わり変容しながら日本にもたらされたものという。シルクロードはまた文化の道でもあった訳であるが、そこで日本人にまつわる悲喜こもごも様々な人間ドラマがあったことは、日ウ交流の現場に関わる筆者にも力を与えてくれたし、また、日本文化を紹介する仕事への想いを強めてくれた。

四　オールジャパン

ウズベキスタンでは、国際協力機構（JICA）、日本貿易振興機構（JETRO）をはじめ経済協力・支援に携わる政府関係団体が事務所を構え、またJICAの青年海外協力隊が日本語教育、青少年活動、スポーツ指導など様々な分野で活躍している。

二〇一八年十月時点のウズベキスタンにおける在留邦人数は百二十数名であったが、筆者の赴任当時の数字もこれと大きく変わっていない。現地では日系企業も少なく、在留邦人の多くは以上のような政府関係団体職員（や家族）そして協力隊員であった。しかしながら数の少なさの故か在留日本人の間では一種の連帯感のようなものもあり、公私にわたり交流も多く、組織を越えて事業への協力を受けたり、また共同で事業を行う機会も多かった。二〇〇〇年にJICAにより市場化支援を主な目的として設立されたウズベキスタン・日本人材開発センター（以下「日本センター」）は、開設当初より現在に至るまで日本語や日本文化紹介事業にも積極的に取り組んできており、まさにウズベキスタンにおける日本文化の発信塔と言える役割を果たしてきた組織である。毎年の日本語能力試験（JLPT）や日本語弁論大会も同センターからの惜しみない協力により円滑に実施されている（二〇一二年からはＪＦによる日本語講座「ＪＦ講座」が同センターを事務局として開設されている）。当時の日本センター所長の米田博氏が「日本人は協力し合ってオールジャパンで日本紹介を」と機会がある度に発言しておられたことを思い出すが、このオールジャパンで最も印象に残った行事の一つと言えば、二〇一〇年に大使館や同センター、そして日本人会の共催により実施された「盆踊り大会」であろう。

当初は公道上を使って実施する予定であったが、警備上の理由により当局側の許可が下りず、タシケント市内の公立中等学校の校庭を借りて行うことになった。そのための許可を関係省庁に申請したり、また当日の会場内での特別警備を警察に依頼したり、例によって色々と手間ひまかかったが、当日会場には多数の来場者があり盛況のうちに終えることができた。とりわけ、清水建設の協賛により会場の中央に組み上げられた櫓は、お祭りの雰囲気をひときわ華やいだものとしていた。大会の何週間も前からウズベク人の生徒を中心に「盆踊りボーイズ・ガールズ」を編成して踊りの練習をし、当日はその腕前を櫓の上で披露してもらったが、それがまた会の盛り上げに大きな役割を果たしていたことを懐かしさとともに思い出す。

日本センターと大使館・ＪＦの共催事業として大規模なものと言えば、二〇一二年に「ＪＦ講座」開設記念事業として実施されたアカペラグループINSPiによるコンサートがある。この時は相互文化交流事業としてウズベキスタン側の出演する合唱や舞踊のプログラムも採り入れたが、そのことはウズベキスタン人観客から好評を博していた。筆者が在任中に現地の職員からアドバイスを受け気が付いたことは、日本文化を紹介する場でも、少しでもウズベキスタンの要素を採り入れたり、ウズベキスタン側の出番をつくったりすると非常に歓迎されるということである。これは彼らが自国の文化に誇りと親しみを持っている証左であり、筆者も文化事業を企画する際には実施効果も考え常にそのことを念頭に置いていた。これに応えるように、INSPiグループ側でもウズベク語の歌を演目に採り入れたり、ウズベク語でトークを行うなどの工夫をこらしていたが、出演者にウズベク文化とのコラボを楽しんでいただけたことは筆者にとっても喜ばしい出来事であった。

五　未来の大国

筆者が在任中街角で見かけたスローガンに「ウズベキスタンは未来の大国」というものがあったが、国民の教育水準も高く若年層の多いこの国は、様々な意味で将来の発展の可能性を秘めていると言えよう。長年のソ連構成国としての歴史は、偏った経済体制を創り出しアラル海消滅のような開発による悲劇を生み、社会的にも国民の間に一種の「法ニヒリズム」のような意識を生じさせるなどの副作用もあった（ソ連時代は厳しい法がありながらもそれをかい潜って活動を行うことが日常茶飯事であり、このため、法律はあってもそれは建前であり必ずしも守らなくてもいいというような暗黙のルールが社会に根付いてしまい、その片鱗が筆者赴任当時でも残っているように感じられた）。

その反面で、ウズベキスタンの現在の社会的そして文化的な発展は、教育重視、インフラ整備重視のソ連の政策によるところも多く、そのことは隣国アフガニスタンの社会状況と比較すれば明白である。ソ連体制の功罪両面の歴史的分析はいまだ途上であるが、こと文化面で言えば、少なくとも芸術を一般市民に開放し、その価値を広く社会で分かち合った点は評価されるべきであろうと思う。

人々の間に根差した社会的マインドは早急に変わるものではないかもしれないが、タシケント国立法科大学を中心に法研究や法整備研究が進められ（そこでは長年にわたり名古屋大学や三重大学による支援や共同研究が行われている）、その中で若手の学生や研究者による熱心な学習・研究活動が展開され人材が育ってきていることを見るにつけても、今後より良い法制度の整備がなされ、それを通じて社会全体の意識もさらにいい方向に変革していくと感じている。

地理的条件もあり、日本との関係は密接とは言えないが、ロシアや中国を含めたユーラシア外交を今後日本が安定して続けていくためにも、この親日国さらには中央アジア諸国との良好な関係が末長く続くことを期待している。中央アジア地域の自立化・安定化を支援することは日本の国益にも適ったことであり、そのために文化・芸術の分野でできることは今後も多いはずである。

中東と日本——親日の基盤上に築く共感と連帯

佐藤幸治

一　はじめに

本稿では、中東地域の社会と文化、そして日本との交流について触れてみたい。筆者はＪＦでの二十五年あまりの勤務の中で、二〇〇三年に設置された中東交流強化事業を担当した三年間、二〇〇七年からカイロ日本文化センターでの四年間をあわせた七年間、この地域との文化交流事業に従事した。エジプト駐在時には、二〇一一年一月以降に起こった「アラブの春」と呼ばれる大きな社会変動を経験した。十年弱にわたってこの地域を文化的視点から集中的に見るという得難い経験から、日本人にとってどちらかというと物心両面で距離のある中東という多元的世界の人々との交流について考えてみたい。

「中東」地域に属する国と言うとき、それを語る主体によって多少の揺れがあるが、およそイランを東端にしてパレスチナまでの西アジアとエジプトからモロッコまでの北アフリカを含む。近代になってヨーロッパ帝国主義が戦略概念として自らに近接する地域を自身からの距離に即して「近東」「中東」、あるいは両者を統合して「中近東」と呼んだのがはじまりだが、現在も地域概念として自他ともに日常的に使用されている。

そして、この広大な地域は欧州やアジアにも増して風土・民族・言語・宗教・文化などの多様性を抱えている。民族においてはアラブ人が多いが、非アラブ人が大多数のトルコやイランといった国もある。宗教はスンニ派イスラームが主流ではあるが、イラン、イラク、バーレーン、レバノンにはシーア派が多い。また、南半分を分掌する形でヨーロッパとともに地中海世界を形成してきた側面もある。ヨーロッパで理性や科学が退潮した中世にはギリシア・ローマ文明の最良の部分を継承・発展させて、その後フィレンツェ、ベネツィアなど都市国家におけるルネサンスの勃興を助け、一方ではパレスチナの地で発祥した一神教が伝播してヨーロッパ世界の精神的支柱を形成するに至った。ムスリムが大多数とはいえ、域内各地に今も少なくない数のキリスト教徒、ユダヤ教徒が暮らす所以であり、また、コンスタンティノープル陥落後およそ四百年にわたるオスマン朝の統治が、イスラームを中核的統治原理としながらも他の宗教や民族を包摂する文化を形成してきた。

このように、中東地域では、多様な民族、宗教、文化的背景を持つ人々が交流・共存を図り文化・社会を発展させてきた。一方で、進行形の現代史においては、中東和平とイスラエルとの共存、イスラーム復興と宗派対立、民主化運動と統治の問題など、安定や統合を巡る深刻な課題にも直面している。

二　日本へのまなざしと期待

さて、およそ交流が相互の他者認識を投影し合いそこから新たな自己認識を獲得するとともに新たな価値を見出す営みだとすれば、日本と中東地域との国際交流に触れる前に、人々の日本認識を探ってみることが有効だと考える。まずは、この地域の宗教的マジョリティであるムスリムのまなざしを借りてみてみよう。

理想のムスリム＝日本人？

域内のたいていの国で人々と触れ合うと、こちらが日本人というだけで先方が相好を崩し親し気な態度を示してくれることが多い。しかし、日本に行ったことがある人も少なく、市井の人たちとの触れ合いの中で出てくるのはトヨタやソニーといった工業製品ブランドの名前程度。それだけで日本人全般に好意を寄せることができるものだろうかと訝しんでいると、実際にはもう少し深い背景理解に基づいた好意やリスペクトが存在していることに気付かされていく。

それが象徴的かつ具体的に示されたのが、二〇〇九年のラマダーン月にアラブ全域で放送され人気を博した「ハワーテル（思考）」というドキュメンタリー・シリーズである。この年、「ハワーテル」は、サウジアラビアの説教師アハメッド・アル・シュガイリーを実際に日本に送り、綿密な取材を通して社会・経済発展の秘密に迫った。学校では生徒自ら給食の配膳や清掃を実践、人々は電車の中でも読書にいそしみ知識を自ら進んで入手、整然とかつ順序を守る電車の乗降風景、他者に対していつも礼儀を尽くす姿勢、点字やスポーツ開発などを通した障害者との共生のための仕組み――。日本社会では自然と習慣化している社会的営為の一つひとつに驚きをもって注目し、こうした内在化された社会倫理こそが日本の戦後の奇跡的発展の原動力なのではないかと問いかける。

番組のイントロで「科学＋倫理＋労働＝発展」という定理が映し出されるが、彼らは日本を発展に導いたこの倫理が実に「イスラーム的」であるとして評価している。環境と自身を清潔に保つこと、他者に敬意を払い平等を重視すること、勤勉であることといったモラルが重なり合うという。そして、聖なるラマダーン月にムスリム諸兄に対し日本人を見習ってイスラームの倫理に立ち返り、社会の発展に尽くそうと訴えかけたのだった。

非西洋型発展モデルとしての日本

前段では、倫理や宗教的エートスという側面からある種理想化された日本人イメージが広く共有されていることを紹介したが、そこに時間軸／歴史性を加えて、「日本型発展モデル」としてさらに一般化して語られることも多い。この語りの起点は一九〇四年の日露戦争にさかのぼる。

アラブの人々の日本への好感の基底を形づくったとされる、ハーフェズ・イブラヒーム（一八七一―一九三二）の「日本の乙女」（一九〇四年）という詩がある。

砲火飛び散る戦いの最中にて
傷つきし兵士達を看護せんとうら若き日本の乙女立ち働けり
雌鹿にも似て美しき汝れ
危うきかな！
いくさの庭に死の影満てるを
われは日本の乙女

銃もて戦う能わずも
身を挺して傷病兵に尽すは我が務め
ミカドは祖国の勝利の為
死をさえ教えたまわりき
ミカドによりて祖国は大国となり
西の国ぐにも目をみはりたり
我が民こぞりて力を合わせ
世界の雄国たらんと力尽くすなり

日露戦争での日本の勝利が西洋帝国主義の脅威に怯えていた人々に大きな希望を与えたことは、多くのエピソードや研究が伝えるところであるが、当時オスマン帝国の領内にありロシアはじめ西洋列強の進出に忸怩たる思いを抱いていたアラブの人々にとってもまた、日本は非西洋諸国の独立の希望の星として輝いていた。この現代の視点でみると過剰にロマンチックに描かれた従軍看護士のイメージも、当時のアラブ・ナショナリズムの高揚の投影として捉えると、理解しやすいかもしれない。

歴史はその後の日本を彼らが期待した方向に導いたとは言い難い。しかしながら、日本の軍国主義が及ばなかったアラブ・中東地域には、第二次大戦期に日本がアジア諸国に残した負の遺産・記憶がなく、そのために日本への歴史的評価は、日露戦争勝利から戦後まで一直線に肯定的である。曰く、「明治維新以来西洋文明をいち早く自分のものとし、西洋帝国主義に抗い日露戦争ではアジアで初めて欧米列強に勝利、その勢いでアメリカにまで挑戦したもののヒロシマ・ナガサキで一旦は廃墟と化したが、そこから不死鳥のごとく蘇り、高度経済成長を経て世界有数の先進国に復活を果たした」。筆者は中東諸国の文化人、知識人からたびたびこのような日本近現代史観が語られるのを聞き、肯定的に評価されることを歓迎する一方で、後述するように、その単線的モデルでは現在の日本社会やその国際的立ち位置を読み誤るリスクがあり、歴史家をはじめとした専門家の育成を中心として日本理解をさらに進める必要を感じたものだった。

三　対中東文化交流の特徴と実践

さて、ここまで述べてきた中東地域の社会・文化的特徴と日本に投影するイメージや期待に応答する形で、日本の同地域との国際文化交流はどのような性格を帯びることになったであろうか。

非西洋発展モデルとしての経験の共有

中東諸国が前述の肯定的日本観から必然的に文化面、あるいは学術面で日本に期待してきたことは、非西洋アジアの独自の価値観による社会発展モデルの共有であった。「自分たちを支配したヨーロッパとは違い、むしろそれに対抗して自由や民主主義といった西洋的価値に限定されない独自の社会モデルによりヨーロッパ以上の発展をもたらすことに成功した日本の経験と価値観に学びたい」という声を、筆者自身も各国のリーダーや知識人から聞いたが、私が集中的に中東との交流に従事した期間に限らず、基本的には日本、JFとしても、このように表明されてきた期待に寄り添う形で文化交流を実施してきたものである。

まず、こうした日本の知や経験の体系を学び研究するための基幹組織としてのカイロ大学日本語日本文学科の設立が第一に挙げられる。一九七四年の設立以来、JFが客員教授や日本語専門家を継続派遣し、そこで学んだ学生が留学やフェローシップを通して学位を取得し指導者・研究者となっていった。現在では、政治学、歴史学、文学、言語学など多岐にわたる分野で十名を超える博士号取得者が学科を支え、さらにはサウジアラビアやカタールなど近隣アラブ諸国における日本研究をリードしている。また、学部で日本についての専門知を修めた卒業生が官民のリーダーとして多数輩出され、日本との協力関係の要となっている。

また、同大の日本学の高度な専門性との協働により、日本についての知見をより広範な有識者層と共有する試みとしては、同大の研究者が執筆もしくは翻訳する日本関連の文献の出版事業がある。教授陣のイニシアティブを助成する形が一般的だが、筆者が関わった近年の強化事業としては、日本の近現代の経済社会発展の軌跡と原因を分析する文献の翻訳をJF、カイロ大学、シュルーク社（アラブ有数の出版社の一つ）の共同プロジェクトとして実施、NHK「明治」プロジェクト『明治〈一〉――変革を導いた人間力』（日本放送出版協会、二〇〇五年）と大野健一『途上国ニッポンの歩み――江戸から平成までの経済発展』（有斐閣、二〇〇五年）の二冊をアラビア語読者に届けた。

さらには、対象を市民層にまで広げて日本人の近現代の経験を伝える取り組みとしては、テレビドラマ「おしん」のエジプト国営テレビでの放送（一九九三年）がよく知られている。放送時間になると通りを歩く人が消えた、運悪く放送中に停電が発生したために暴動が発生した、主人公のように生きてほしいとの願いをこめて娘を「おしん」と名付ける人が多数いた――といった、すさまじい人気ぶりを物語るエピソードを筆者も当時を知る関係者からよく聞かされた。「おしん」は世界各地でそれぞれの言語に変換されて愛されてきたが、中東地域でもエジプトだけでなく、イラン、イラク、イエメン、サウジアラビア、UAEなど多くの国々で放送、再放送を繰り返す中で、その生きざまと精神が人々の心の中に一つのロールモデルとして刻まれてきたのである。

このように各層にわたり、人々の価値観や期待に寄り添って実施してきたこれらの取り組みが、近年、工学とリベラルアーツ、つまり「ハワーテル」が言うところの科学と倫理における有為な人材を育成する「日本エジプト工科大学」の設立や、二〇一六年のエジプト政府による初等教育への日本モデル導入決定に続く「エジプト日本学校」の開設といったさらに一段進んだ日本との共同の取り組みへと発展しているのは喜ばしいことだ。他国の成功事例の一切合切をそのままの形で導入できるものではないことは言うまでもないが、相互の社会や歴史的経緯の違いを踏まえつつ、取捨選択と試行錯誤を繰り返して日本の知見が現地で血肉化していくことを期待し、これからも支援と協力を続けていきたい。

「関係性の危機」への応答

実際にかの地に長期滞在してみると、中東の人々にとってヨーロッパが物心両面でいかに近しいものであるかに気付かされる。古代から地中海を挟んで時に鋭く対立しながらも交流を続けてきた蓄積は大きい。経済的相互依存性も深く、多数の移民による労働力移動が接触を増している。

一方、日本との間には地理的・心理的な距離は大きいと言わざるを得ない。相互依存というには程遠く、日本が天然資源で一方的に寄りかかった状態で、基調は相互無関心と言える。日露戦争勝利によりこの地の人々にとって希望の星となった日本は、敗戦後はアメリカ、そして近隣アジア諸国との強いパートナーシップのもとで平和外交と自由経済による発展を成し遂げてきたが、その分、政治・外交・安全保障面ではこの地域に大きな存在感を持つことは稀だ。また、アラブ世界の日本に対するまなざしはこれまで述べてきたように敬意・好意に裏打ちされているが、日本人一般のこの地域に対する意識はどうだろうか。我々の経済ないし生存がこの地域から送られる石油資源に大きく依存しているにもかかわらず、文化や人々の暮らしぶりについて持っている知識／情報は限定的だ。そして、近代化と並行して浮上してきたイスラーム復興とそれが内外に引き起こす緊張についても、グローバリゼーションやアイデンティティの問題として内在的理解に努めるというよりは、得体の知れない怖いものという忌避イメージにとどまりがちである。

この相互無関心は、外交的に亀裂が生じる事態が起きたとき、両者の関係に危機をもたらしかねない。一九七〇年代のオイル・ショック、また二〇〇〇年代の同時多発テロからイラク戦争までを頂点とする「テロとの戦い」は、危機の具体的発現として記憶に新しい。アラブ世界の資源ナショナリズムの台頭としてのオイル・ショックは、日本の生存が海の向こうのよく知らない地域に絶対的に依存しているという厳然とした事実に直面させた。官民ともに関係性の立て直しが迫られる中、市民レベルの相互信頼醸成が重要であるとの認識が高まり、それがＪＦの協力による一九七四年のカイロ大学日本語日本文学科設立に結実したのだった。アラブの社会的リーダー層に高い専門性を持った日本理解者を育て、両者の安定的信頼形成に貢献しようという息の長い取り組みのはじまりであった。

もう一つ、ごく最近の危機であるイラク戦争を契機とする日本の同地域へのコミットメントとその反応、それを受けての国際文化交流にとっての新しいチャレンジについても触れておきたい。この危機は十年以上前の冷戦終結、湾岸戦争において先取りされていたものと言えるが、同盟国としての日本がアメリカ主導の中東地域の平和構築のために資金だけでない協力を期待され、比較的治安が安定しているサマーワに人道復興支援活動のために自衛隊を派遣したものである。

現地では活動を歓迎し評価する声も多かった一方で、多くの市民は戦後の自衛隊創設や日米同盟の歴史的経緯に明るくなく、しかも、日本は西洋諸国とは違うアジア的価値観を維持し、伝統と近代を両立させ独自の発展を遂げた国、アメリカに挑戦して原爆投下で敗れ去るも不死鳥のように再生した国としてイメージされてきた以上、この日本の行動に対してアラブ諸国から裏切られたという失望感が少なからず表明されたのは無理もないことであった。

日本の政策の是非を論じることは本稿の目的ではないが、相互の信頼関係を脅かす危機に直面したときに国際文化交流に期待された役割がどのようなものであり、実際のところ何が実現でき、どのような課題が残されているのかを考えることは、未来を構想する上で意味のあることと考える。二〇〇三年度、JFに中東交流特別強化事業の予算措置がなされ、既存の日本文化紹介と日本語教育を中核とする交流に加えて、新たに知的交流事業、中東文化の日本への紹介事業を実施することとなった。知的交流は、大学に限らず、シンクタンク、ビジネス・リーダー、文化人、宗教指導者といった広がりのある知的コミュニティによる対話を推進し、これまでの日本研究を通して形成した知日層を広げる試みであり、知的ネットワーク形成と今後の対話のアジェンダづくりのための「シンクタンクセミナー」、日本・エジプト・サウジアラビアの三国間の政策対話「日・アラブ対話フォーラム」といった事業を推進していった。

その知的交流事業の一つである「中東地域文化交流・対話ミッション」では、山内昌之東京大学教授（当時）を団長に、経済界、宗教界、アート・デザイン、スポーツといった多様な分野それぞれを代表する有識者で訪問団を構成した。二〇〇三年からの三年間に訪問したのは、エジプト、シリア、サウジアラビア、イラン、ヨルダン、トルコ、チュニジアの七カ国。各国でシンポジウムを開催するとともに、政界、宗教界、学界など各界のリーダーと深い文明論に及ぶ対話が行われた。

二〇〇三年の第一回と二〇〇四年の第二回に随行する好機を得た筆者の記憶にいまも残る印象的な議論の一つは、訪問地のセミナー会場から、パレスチナ人によるテロ行為を日本の神風特攻隊になぞらえて、大義ある自爆テロを肯定するようなニュアンスの発言が出たのに対し、日本のミッションメンバーであった森本公誠東大寺上院院主（当時）が、「憎しみの連鎖を断つことこそが肝要である」と切り返され、場内に大きな拍手がわきおこった場面であった。鍛錬を積んだ哲学・思想に裏打ちされた真摯で人道的な対話が多くの人の心を動かす瞬間に立ち会い、こうした「賢人対話」の意義を実感した。これら累次の知的交流を通じて、先に述べたステレオタイプ化された相互イメージと実際のあり方とのギャップがもたらしたショックや不信に橋を架け相互理解の刷新を図るとともに、互いのあるいは共通の課題についてともに知恵を出し合うことにより、相互理解と信頼を一歩前進させることができたと思う。

この新規強化事業のもう一翼である中東文化の日本紹介についても、JFは様々な取り組みを行った。中東＝イスラーム＝西側世界にとっての脅威というような、他者性を強調し恐怖を煽る言説が日本でも広がっていく中で、宗教過激派はごく一部でありかつイスラームのみに固有の現象ではないこと、圧倒的大多数が我々と同じように日々の暮らしを営み同じようなことに喜怒哀楽を感じる市井の人間であることを伝える上で、文化やアートは非常に有効なメディアである。

イラク関係では、イラク戦争後の治安悪化により世界遺産クラスの貴重な文化財の盗難に苦しむ国立博物館館長の招へい講演、舞踊劇団アル＝ムルワッスや弦楽器ウードの名手ナスィール・シャンマの公演などを通して、戦火のもと危機に直面している暮らしと文化、それを守り育てている人自身を紹介した。

また、映画や演劇の大型フェスティバルでアラブ・中東各国の作品の特集を組み、数多くの作品を通して多様な暮らしと文化を伝えた。さらには、より総合的にこの地域の社会や文化についての知識・理解を深めたい人たちのために、日本の中東研究者はじめ専門家に講師を依頼し「中東理解講座」を継続的に実施した。

こうした数々の事業を通して相当数の日本人が中東地域の社会・文化について理解と共感を深めたことと思うが、首都圏一極に集中しがちな実施を地方にまで面的に広げていくことが課題である。住民参加で地域資源を有効に活用して実施される地方の芸術祭のような文化的プラットフォームと連座し、あるいは放送の活用はもちろん、日々技術的向上が図られているインターネット上のコミュニケーションを活用することにより、より多くの関心層に文化体験や知識を届けていくことを常に理想に置いて考えていきたい。

四　アラブの春・東日本大震災・コロナ

本稿の最後に、筆者も現地で接触した「アラブの春」と呼ばれる民主化運動について触れてみたい。チュニジアで着火した独裁への抗議と民主化運動のベン・アリ大統領の国外脱出という形での劇的な帰結が、同じように独裁にあえぐ周囲のアラブ諸国の市民運動を刺激していった。エジプトでは二〇一一年一月二十五日の警察の日に計画された抗議デモが、Facebookが持つ爆発的連鎖力により予想以上の動員を呼び、結果として四日間の抗争を経て治安部隊の壁を打ち破った。軍による干渉のもとタハリール広場で行われた十八日間の抗議運動の結果、二〇一一年二月十三日、ムバラク大統領が辞任を表明し「革命」はエジプトにおいても成功をおさめた。

ムバラク辞任後のエジプトは一時的に権力の真空状態にあり、若者が自由を求めて勇気を持って繰り出したストリートは、アナーキーな解放感に溢れていた。JFに対しても、若者を中心に組織されたNGO組織や大学の自治会などからストリートの音楽やダンスのフェスティバルに声がかかる機会が増えていた。「革命」前の体制が抑圧してきた自由を手に入れた若者の解放感、快活さが印象的だった。筆者も舞台にあげてもらい、当時の市民の気分を代弁しヒットした革命讃歌“Sout el Horreya”（自由の声）をカイロの若者とともに大合唱したことは、今も忘れえぬ思い出として残っている。

一方で、「革命」は一夜にして社会を変えるものではなく、新たな民主的体制づくりのための息の長いプロセスだ。エジプトでも軍が臨時政府を形成する中で憲法改正や選挙に向けた取り組みが進んでいったが、革命を主導した市民グループと軍、旧政府の流れをくむ勢力やかつて非合法化され地下組織化していたイスラーム政党など多様なステークホルダーが現れ、合意形成が難航するたびにストリートもリアルな衝突を繰り返し、治安は落ち着かず、経済や民生も停滞していた。

そのようなとき、海の向こうの日本で大地震が起こった。アラブの地の反独裁革命運動と極東日本の大地震。この連関しない二つの事象が、小さいながらも二国間の市民の間に連帯の感情を生み出していった。特にエジプトにおいて、我々がよく接触する日本語学習者など親日層を中心に、被災した日本への励ましの言葉がソーシャル・メディアに溢れるようになっていった。「エジプトも革命の厳しい時代を耐えて頑張っている。日本のみんなもがんばって」。そういう数多くのメッセージが流れた。

日本のほうでもこのメッセージに呼応して、中東の地から激励の声が届いたことへの感動がツイッターなどで流れ出した。人々が新しいメディアの力を借りて、距離の壁を越えてシンクロニシティを体現していた。これに呼応するように、JFとしてもエジプト、チュニジア、ヨルダンの青年社会リーダーをグループで日本に招へいし、被災地の復興をはじめ日本が直面する課題に触れそれに取り組む人々との交流と対話を行うことが決まった。「革命」以前から草の根の社会変革に取り組んできたエジプトの若い起業家や非営利組織のリーダー六人と出会い日本に送り出す準備を整えたところで、筆者は四年間のエジプト駐在を終え、二〇一一年十二月、日本に帰国した。

その後、エジプトの「革命」は歴史上の多くの革命がそうであったように、同じくらい強い力での反革命的反動を引き起こし、国民が民主的手続きで初めて選んだ政権を国民自身が軍の力を借りたクーデタによって転覆させるというある種悲劇的な展開により、軍による統制の強い政治に戻ってしまった感がある。チュニジアに発した「アラブの春」は、それでもエジプトには草の根で政治や社会を変えることへの希望と自信の種を蒔いたが、その後に飛び火したシリアやイエメンでは政治指導者をより頑なにさせてしまい、終わりの見えない苛烈な内戦状態へとこれらの国を向かわせていった。イラクとシリアとトルコにまたがる権力の真空地帯にISIL＝ダーウィッシュという疑似カリフ制国家が発生するなど、多くの国が不安定化している。

そして今、それに追い打ちをかけるように、新型コロナウイルス感染症が広がりはじめ、物理的な人的交流を推進させることがますます難しくなってきている。コロナの時代、ポスト・コロナの時代には、新しいICT技術を使ったリモート・コミュニケーションによる交流が日常となっていくという展望が生まれつつあるが、この新しい形の国際交流が最も追求されるべきは、絶え間ない分断に苦しむ中東地域なのかもしれない。ヨーロッパに隣接しているがゆえにヨーロッパからの正負両面の影響を受け続け、独立後もヨーロッパ流の国民国家形成による安定的統治をなかなか実現できず、その意味で取捨選択をしながら独自のハイブリッドなシステムをつくってきた日本が今もこの地域の人々にとって一定の参照ポイントであり続ける。

日本はその期待に応え、二〇一一年の春にソーシャル・メディアの力を借りて共鳴し合えたように、いまいちど、中東地域の人々とソリダリティを切り結ぶことができるだろうか。これまで培ってきた信頼関係を裾野の広い市民レベルの相互理解と共感へと高め、それを基盤として、我々が共通に抱える課題に対して息の長い協働を継続していきたい。

ロシアで追求される日本の「道」(モスクワ裏千家提供)

終章　国際文化交流とは？　その果たしうる役割とは？

小川忠

危機に直面する国際文化交流

大きな戦争とその犠牲の代償として、人類が育んできた国際協調の精神が今、重大な危機に直面している。二〇二〇年、新型ウイルスへの対応を巡って、国境を越えた協力が必要だと誰もが認めるにもかかわらず、各国政府間の摩擦、感染者や国外からの来訪者に向けられるむき出しの偏見・差別意識が、国際協調を揺さぶり、人々の心に疑心暗鬼の種をふりまいている。さらに言えば新型ウイルス危機の発生以前から、長く世界をリードしてきた米国の露骨な自国優先主義など、ここ数年の国際社会の変調は、誰の目にも明らかだ。

国際協調の精神が危機にあるということは、すなわち国際文化交流の危機でもある。なぜなら、「人の心の中に平和の砦を築かなければならない」と謳ったユネスコ憲章の通り、国際文化交流は国際協調の精神を涵養するものと考えられてきたからだ。今そこにある危機に対して、国際文化交流は無力なのか。

危機の時代にあって、改めて「国際文化交流とは何か」、「国際文化交流が果たしうる役割は何か」を問い、考え抜かなければならない。

文化交流の有用性への関心の高まり

本書が扱っている「国際文化交流」とは、自然発生的な文化交流ではなく、公共政策として行われている独立行政法人国際交流基金の文化交流である。公的資金を原資とし、外交に資する意図をもって実施されているJFの事業は、まさに公共政策としての国際文化交流に他ならない。

そもそも公共政策とは、民間部門だけでは解決できない公共的な課題に対して政府や地方公共団体などの公共部門が主体となり、公共の福祉を増進させるために立案される施策及び計画を指す。公共政策には、（一）社会として必要だが市場機構では供給が不十分な財・サービスの提供、（二）格差是正、機会平等の提供、（三）公共性の判断――という役割がある。

二十一世紀が始まった頃、グローバリゼーションの潮流が世界中を覆う一方、日本はバブル経済がはじけ世界最強の経済大国という自負が揺らぎ、新たな国の方向性を模索していた。この頃から、日本でも、世界でも、文化は公共政策の手段として有用という認識が強まり、様々な政策領域において文化を活用しようという動きが強まってきた。

例えばポップカルチャーの海外発信を通じて経済振興を図ろうというのが、クール・ジャパン戦略である。その原点となったのは、二〇〇二年に小泉純一郎首相が国会で行った知財立国に言及した施政方針演説だ。この演説の中で、国際文化交流政策も含む知財立国が、国家戦略に位置付けられた。その具体化の一つとして、経済産業省が設けたコンテンツ産業国際戦略研究会は二〇〇三年中間とりまとめで、コンテンツ産業の国際展開のための情報収集・情報集積拠点としてJETRO、JFの海外拠点活用を提言している。重厚長大産業を軸に経済大国日本を演出してきた経済産業省が文化コンテンツを目玉政策にするとは、一昔前では考えられなかった。

この時期に観光でも国際文化交流に光が当てられた。小泉首相が開催した「観光立国懇談会」は、二〇〇三年の最終答申において、「文化交流の重要性が高まっている」として、「文化の磁力」を充実させて「日本ブランドを世界に発信」することで外国からの訪日観光客を拡大させよう、と首相に提言している。以来、JFと国土交通省所管の日本政府観光局（JNTO）は、組織的連携を強化している。

中央政府のみならず、地方自治体も、文化交流の有用性に目を向け、政策のツールとして活用している。少子高齢化により労働力が不足している日本において、地域社会で働く外国人人材が増えるに伴い、多民族化する社会の課題として「多文化共生」が注目を集めるようになった。外国人人材や彼らの家族の受け入れ窓口となる地方自治体、その外郭団体である「国際交流協会」は、当初の姉妹都市親善交流から地域在住外国人のための日本語教育や移民受け入れ策へと比重を移している。

「戦略化」する国際文化交流

外交政策では、米国発の「ソフト・パワー」、「パブリック・ディプロマシー」概念が、今世紀初頭、日本外交の現場に取り入れられる中で、国際文化交流に関しても両概念と関連付けて議論されるようになってきた。

米国の国際政治学者ジョセフ・ナイは、他国を軍事力や経済力といった「ハード・パワー」で強引に従わせるのではなく、自らの魅力によって味方につける力を「ソフト・パワー」と呼び、その源泉となるのは、「文化、価値観、外交政策」であるとした。ナイは、従来国際政治学、外交論において政治、軍事、経済に比して重要視されてこなかった文化に光を当て、「ハード・パワー」と「ソフト・パワー」を組み合わせて戦略的に目的を達成する「スマート・パワー」による米国の外交強化を論じた。

「パブリック・ディプロマシー（ＰＤ）」とは、自国の存在感、イメージ、理解を高めるために、相手国政府ではなく、市民に対して直接働きかけていく外交である。米国外交において、国際文化交流は政策広報や国際放送と並んで、ＰＤの主たる手段の一つと位置付けられてきた。冷戦終結によりＰＤを縮小させていた米国が、再びその強化に乗り出すきっかけとなったのは、二〇〇一年同時多発テロ事件とその後の「テロとの戦い」である。中東イスラム諸国の市民に対して、アフガニスタン戦争、イラク戦争の大義を訴え、彼らの心をつかむ手段として米国政府はＰＤ関連予算を大幅に拡充した。

日本においても、国際文化交流を外交の中に戦略的に位置付けるべきだという声が高まり、二〇〇四年外務省機構改革において、海外広報課と文化交流部を統合して「広報文化交流部」（英語名：Public Diplomacy Department）が発足した。これに先立つこと三年前の二〇〇一年一月の中央省庁等改革において、国際文化交流に関する外務省と文化庁の役割分担が明確化され、「文化庁が国際文化交流でより大きな働きを担う」とされる一方で、外務省及びＪＦが実施する国際文化交流は「外交に資するものに特化する」こととなり、「国際交流基金が行う文化交流は外交政策の一環」と位置付けられた。

米国のＰＤ強化と並んで、日本外交が文化交流の戦略的実施に向けた改革を進める、もう一つの契機となったのが、二十一世紀に入ってからの中国、韓国のＰＤ強化である。中国は一九九九年に江沢民国家主席が、中国に関する国際的なイメージ改善の必要性に言及し、従来の対外広報・宣伝のやり方を見直し、インターネットによる広報強化、対外広報と国際文化交流の一体化、文化産業の対外競争力強化を打ち出した。新しい対外発信の柱となったのが、大型文化事業の開催と中国語普及機関「孔子学院」の増設である。首脳合意に基づく中仏文化交流年はパリにおける「中国ブーム」を演出し、この成功に引き続き欧米、アジア、中東で中国文化の大型イベントが実施された。二〇〇四年に韓国ソウルに初めて開設された「孔子学院」は、またたく間に世界中に拡大し、二〇一〇年には九十六カ国、三百三十二校と拡張された。

一九九七年金融危機を経験した韓国は、文化産業を国家基盤産業として育成することを目指し、一九九九年に文化産業振興基本法を制定し、文化産業振興基金、韓国文化コンテンツ振興院の設置などの政策を打ち出した。日本における「冬のソナタ」ブームの到来など、その成果は二〇〇〇年代初めに早くも現れ、以後「韓流」、「K-POP」が韓国の対外イメージ向上に大きな貢献を果たし、現在に至っている。

このような中国、韓国の世界進出に伴って、日本の文化交流の存在感が相対的に低下しているという認識が高まり、財政状況が厳しい中で、限られた予算でいかに文化交流を実施するか、という問題意識が、文化交流と広報の一体的な実施という方向へと、日本のＰＤを向かわせた。報道対応、広報、文化交流をより一体的、戦略的に実施するために、外務省は、二〇一二年機構改革において広報文化交流部と外務報道官組織を統合している。文化交流と政策広報の一体化が、さらに進んだのである。

日本のパブリック・ディプロマシーは日本にとって有用なのか。その試金石となったのが、二〇一一年の東日本大震災である。地震、津波、原発事故という、いまだかつて人類が経験したことのない三重の大災害に際し、日本は原発事故対応に関する対外説明、情報発信が求められ、また風評被害対策に取り組まなければならなかった。ＪＦも危機の渦中にあって、震災で高まった日本への関心を深い日本理解につなげ、日本の被災体験を国際社会に活かし、日本の復興、再生、活力回復に役立てるなどの観点から、大小二百を超える震災関連文化交流事業を二〇一一年に実施した。

「国際文化交流の戦略化」は、公的資金を財源とする国際文化交流機関にとって、政治権力との距離の取り方の判断を難しくさせている。JFが実施する国際文化交流は外交政策の一環と位置付けられているが、文化を扱う以上、必然的に文化政策という性格も帯びることになる。現代の文化政策において重要な原則とされるのが、「アームズ・レングス」である。学術・文化芸術振興に、公権力が過度に関与することを避けるため、学術・文化芸術と政府・行政機関との間に一定の距離を保つことを意味する。

草創期のJFに強い影響を及ぼした松本重治国際文化会館理事長は、英国の事例を引き合いに出しながら、国際文化交流が成果を上げるには、「現実政治にタッチしないこと」、「目前の国益などを眼中に置かないこと」、「監督官庁とは独立した人事制度を持つこと」と述べている。七〇〜八〇年代には英国の「アームズ・レングス」原則が日本の目指すべきモデルとして外交関係者のあいだで強く認識されていた。

国際文化交流の戦略化によって、政府・行政の文化交流への距離の取り方に変化が生じ、アームズ・レングス原則に抵触するような事例が発生しやすい状況が生まれている。

岐路に立つリベラルな国際文化交流

「戦略化」する国際文化交流を、国際関係論の視点から考えてみたい。国際関係論では、世界をどう見るかという観点から、現実主義と理想主義という二つのアプローチが存在する。現実主義の見方では、世界は無政府状態にあり、その中で国家は様々な手段を通じて自国の国益を拡張させ自国の安全を高めようとする。他方、理想主義は人権、民主主義、法の支配はじめリベラルな価値に基づいて現在の国際秩序は成立しており、諸国の国際協調によって世界の安全は保障され、戦争を防ぐことができると考える。

現実主義の理論は国際文化交流を、自国の立場を主張し、自国への支持者を獲得することによって自国の国益を増進するための手段の一つと捉え、理想主義は国際文化交流それ自体を目的と捉え、各国が相互理解を深め、相互の信頼を高めることが国際協調を増進させ、国際平和を強化すると考えてきた。現実の国際文化交流政策の運用は、現実主義と理想主義両方の微妙なバランスの上に成立している。冒頭で述べた国際協調精神の危機、国際文化交流の危機とは、戦後世界を形成してきた理想主義的価値観の危機とも言える。

しかし、ならば現実主義が理想主義に決定的な勝利を収めたとは言い切れない。現実主義的国際文化交流が、真に自国の国益増進につながっているかと言えば、失敗事例も少なくない。同時多発テロ事件直後、米国政府は広告界の女王と呼ばれたシャルロット・ビアーズをパブリック・ディプロマシー担当国務次官として招き入れ、対中東イスラム諸国向けパブリック・ディプロマシーを増強し、米国が始めた「対テロ戦争」への理解を獲得しようとした。その結果ははかばかしいものではなく、中東地域の反米感情は消えず、ビアーズは二年も経たずに辞任した。

世界的に注目を集める中国のパブリック・ディプロマシーに関しても、自国内での人権問題や情報発信の透明性・民主性を疑問視し、警戒する見方が欧米で強まり、米国では近年、孔子学院を閉鎖する大学が相次いでいる。中国型パブリック・ディプロマシーが成功モデルとは言い難い。

JF職員の果たしうる役割

国際文化交流を現場で担うJF職員が果たしうるのは、外交政策として行われる日本の文化交流が、極端な現実主義、あるいは極端な理想主義に傾かないよう、バランスを取る調整の役割、と考える。

冷戦時代に米国のパブリック・ディプロマシーを支えた国際交流庁（ＵＳＩＡ）、国際文化交流を現場で担ってきた英国ブリティッシュ・カウンシル、ドイツのゲーテ・インスティトゥート職員たちが異口同音に述べるのは、働きかける対象の尊厳を無視した、自分からの一方的な情報や価値の発信は反発を招き逆効果であるということだ。国際文化交流の実務者たちは、重要なのは対話であり相互理解である、と強調する。ＪＦに三十五年間勤務した筆者も同じ意見を有している。狭い意味での国益に拘泥していると、より大きな文脈での国益、長期的な国益を損なってしまうことを、彼らは長年の交流現場の経験から学んできたのである。他方、海外の訴求対象のみに心を砕き、理想主義に傾きすぎると、「国益軽視」、「税金の無駄遣い」という批判が自国内から湧きおこり、国内の支持者を失ってしまう。

『歴史の終わり』の著者にして、政治思想家のフランシス・フクヤマが近著『アイデンティティ――尊厳の欲求と憤りの政治』（山田文訳、朝日新聞出版）で、興味深い指摘を行っている。「自尊心は、他者から尊敬されることで生まれるものだから、人間は自ずと承認を求める」とフクヤマは述べ、社会や国家も同様であるという。尊厳の承認を渇望する心の動きである「テューモス（気概、自尊心）」は、ほかと平等な存在として尊敬されたいという「アイソサミア（対等願望）」、あるいはほかより優れた存在と認められたいという「メガロサミア（優越願望）」を意味している。世界各地で発生している排外的ナショナリズムや宗教過激主義の基層にあるのは満たされぬ承認要求であり、これが世界に混迷をもたらしている、とフクヤマは説く。

「テューモス」に駆り立てられて国家は自国の言語、文化、価値を対外的に発信しようとする。相互理解は、相手の尊厳を認め、承認要求を満たしてあげることによって、「テューモス」を鎮める行為であるといえよう。

十年ほど前、拙著『テロと救済の原理主義』（新潮選書）において、世界が直面するテロや暴力の根本に「富の不平等」と並んで「誇りの不平等」があると書いた。この「誇りの不平等」が改善されず、むしろ悪化している今日の状況をフクヤマは「テューモス」というギリシア哲学用語を用いて絵解きしてみせた。傷ついた人々の心を癒し、「誇りの不平等」を是正していく役割を国際文化交流は果たし得ると書いたが、ＪＦの職員は理想主義と現実主義のバランスを取りつつ、日本のテューモス、諸国のテューモスを鎮めるべく、調整者、仲介者の役割を果たしていくことが求められる。

本書で語られている国際文化交流最前線の動き（災害復興、文化の多様性保全、域内相互理解への貢献など）は、「誇りの不平等」を正し、日本そして諸外国の承認要求を満たし、相互承認の調整、仲介の役割を果たそうとする模索の具体的な事例である。

もう一つ、ＪＦ職員が担いうる役割をつけ加えておくと、日本の情報収集・分析への貢献である。日本と諸外国間の文化交流、特に海外における交流の現場にあるＪＦ職員は、かなりユニークな場に立っている。日本の在外公館、政府関係団体、メディア特派員、企業駐在員は主に政治・経済分野での情報に接し、当該国の動向をフォローするが、ＪＦ職員が扱っているのは、学術・教育・文化芸術・市民社会という広い意味での文化分野である。現在、近未来を予測するには、政治・経済動向を把握することは不可欠であるが、文化動向はさほど有効とはいえない。しかし社会の底流で起きている変化を捉え、中長期的な予測を立てる上で、文化動向は大きな意味を帯びてくる。

本書に掲載されているＪＦ海外駐在者、駐在経験者たちの報告から、読者はこれまで知らなかった各国の一面を知り、日本と当該国の未来について考察する手がかりを発見するに違いない。

最後に付け加えておきたいのは、公共政策として国際文化交流事業を企画するＪＦ職員は自らの行為について自省・自戒の念を持ち続けるべき、ということだ。公的資金を用いて文化交流を意図的に実施するからには、文化の有用性を認め、平和構築、経済振興、街づくり、観光など何らかの公共福祉に貢献するという、意図的な文化交流という営為から逃れることはできない。

しかし、文化そのものに意味があり、純粋に文化を享受し、創造する人からすると、何らかの意図をもって文化を交流することは、時に不遜な姿勢に映る。ミュージシャンの坂本龍一氏は、災害が起きた時などにやたらと叫ばれる「音楽の力」という言葉に強い嫌悪感を抱いているという（二〇二〇年二月二日朝日新聞朝刊）。音楽に力があって、「音楽家が癒してやろうなんて考えたら、こんな恥ずかしいことはない」と坂本氏は言う。文化とは複雑で、微妙で、偶発的な存在だ。そうした文化の交流は時として、企画者の想定を超えて、いい意味でも、悪い意味でも予期せぬ結果を生む。公共政策として文化を交流させようとするＪＦ職員は、坂本氏の言葉を常に反芻し、自らの判断の意味について自問し続ける姿勢を求められているのである。

*

執筆者略歴

鈴木勉（すずき・べん）1986年入職、マニラ日本文化センター

嶋根智章（しまね・ともあき）1995年入職、総務部

許斐雅文（このみ・まさふみ）1993年入職、映像事業部

高橋裕一（たかはし　ゆういち）1991年入職、ジャカルタ日本文化センター

榛澤周一（はんざわ・しゅういち）2002年入職、アジアセンター日本語事業第2チーム

横田有紀（よこた・ゆき）2002年入職、日米センター

小島寛之（こじま・ひろゆき）1992年入職、企画部

松岡裕佑（まつおか　ゆうすけ）2004年入職、総務部

武田康孝（たけだ・やすたか）2007年入職、アジアセンター

山本訓子（やまもと・のりこ）2005年入職、経理部

後藤愛（ごとう・あい）2003年入職、アジアセンター

瀧田あゆみ（たきた・あゆみ）2006年入職、日本研究・知的交流部

久保田淳一（くぼた・じゅんいち）2007年入職、企画部

高口真法（たかぐち・まさのり）2004年入職、モスクワ日本文化センター／在ロシア日本国大使館

田中洋二郎（たなか・ようじろう）2007年入職、日本語第2事業部

栗原毅（くりはら・つよし）1997年入職、日本語試験センター

佐藤幸治（さとう・こうじ）1995年入職、ヤンゴン日本文化センター

小川忠（おがわ・ただし）跡見学園女子大学文学部教授、国際交流基金に1982年から2017年まで勤務。『テロと救済の原理主義』(新潮選書)、『戦後米国の沖縄文化戦略』(岩波書店）他

国際文化交流を実践する

二〇二〇年一一月一五日　印刷
二〇二〇年一二月　五日　発行

編　者　©国際交流基金
発行者　及　川　直　志
印刷所　株式会社　三　陽　社
発行所　株式会社　白　水　社

東京都千代田区神田小川町三の二四
電話　営業部〇三（三二九一）七八一一
　　　編集部〇三（三二九一）七八二一
振替　〇〇一九〇-五-三三二二八
郵便番号　一〇一-〇〇五二
www.hakusuisha.co.jp
乱丁・落丁本は、送料小社負担にて
お取り替えいたします。

誠製本株式会社

ISBN978-4-560-09797-7
Printed in Japan